삶의 문제와 마주하는 법

삶의 문제와
마주하는 법

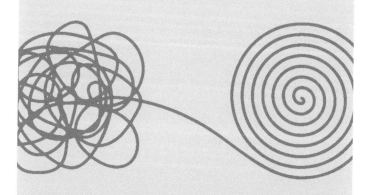

정답이 없는 시대 지성을 구하는 독학자를 위한 공부 철학

야마노 히로키 지음 | 전선영 옮김

머스트
리드북

문자의 바닷속에서
균형을 잃지 않으려면

사회 곳곳에서 '불확실성의 시대', '정답이 없는 시대'라는 표현이 자주 등장하고 있다. 상식으로 통용되는 지식과 가치관이 흔들리고, 내일 당장 무슨 일이 일어날지 알 수 없는 시대가 계속되면서 한 치 앞을 내다볼 수 없다는 불안이 투영된 표현이다.

이 같은 시대 흐름에 발맞추어 '어떻게 스스로 생각하는 힘을 기를 것인가'라는 문제가 중요한 과제로 떠올랐다. 이제 누구에게나 적용되는 절대적인 정답은 없다. 주어진 답에 만족하기보다 스스로 문제를 발견하고 생각을 발전시키며 시행착오를 겪는 과정에서 납득할 만한 답을 찾아내는 힘을 길러야 한다.

혼자서 공부하는 사람들

감염병 대유행으로 집에서 보내는 시간이 길어지면서 새로운 삶의 태도나 일하는 방식을 배우겠다며 혼자서 공부하는 사람이 부쩍 늘었다. 하지만 현실은 무엇을, 어떻게 공부해야 할지 몰라 어려움을 겪는 사람이 부지기수다.

"서점에 널린 그 많은 책 중 어떤 것을 골라 읽어야 할지 모르겠다." "우여곡절을 거듭하며 책을 골라 읽어도 내용을 금세 잊어버린다." "이것저것 닥치는 대로 공부해봤으나 성과도 없고 효율도 떨어졌다." 독학에 나선 많은 사람이 어김없이 이런 난관에 맞닥뜨렸다.

'정답이 없는 시대에 무엇을, 어떻게 공부해야 할까'라는 질문에 선뜻 답하기란 쉽지 않다. 대개 시험 합격이나 자격증 취득 같은 목표가 명확한 참고서를 이용한 학습에서조차 '이 책을 읽으면 정말로 내가 원하는 지식을 얻을 수 있을까'라는 의문에는 자신 있게 답할 수 없다.

무엇을, 어떻게 공부할지 끊임없이 자기 자신에게 물으면서 나아가는 독학의 여정은 한 치 앞을 내다볼 수 없는 어둠 속을 기약 없이 계속 걷는 것이나 다름없다. 어둠 속을 어떤 도구나 무기도 없이 걷는다면 누구라도 길을 잃고 헤맬 것이다.

성취를 위한 공부	탐구를 위한 공부
곧바로 답이 나오는 문제를 다룬다	곧바로 답이 나오지 않는 문제를 다룬다

사고력 자체보다 암기력과 기술이 중요하다	스스로 생각하는 힘이 중요하다

    누군가의 도움 없이 혼자서 공부하는 독학은 스스로 생각하고 답을 찾아가는 힘이 무엇보다 중요한 일이다. 이 책은 그런 스스로 생각하고 답을 찾아가는 힘의 토대가 되는 철학적 사고방식에 대한 안내서이자, 생산적 사고로 이어지는 대화적 사고방식을 터득하게 해주는 비결서다.

    여기서 말하는 '독학'(獨學)이라는 단어에는 '곧바로 답이 나오지 않는 문제를 배우고 익힌다'라는 의미가 담겨 있다. 예를 들어 시험이나 자격증 같은 곧바로 답이 나오는 문제를 다루는 공부가 목표가 확실한 '성취를 위한 공부'라면 '사회가 안고 있는 본질적인 과제는 무엇인가', '그 과제에 대하여 당신은 어떻게 생각하는가'라는 곧바로 답이 나오지 않는 문제를 다루는 공부는 배움의 과정 자체를 스스로 생각해야 하는 '탐구를 위한 공부'다.

이 책에서 다루고자 하는 것은 '탐구를 위한 공부'의 힘을 기르는 데 필요한 사고법이다. '본래 생각한다는 것은 무엇인가', '어떻게 해야 생각했다고 할 수 있는가'라는 문제를 숙고하면서 사유하는 삶의 방법을 이야기한다. 말하자면 이 책은 '생각이라는 행위는 무엇인가'를 생각하는 책이다.

지성을 갈고닦는 철학적 사고

'공부법'이나 '사고법'을 다룬 다양한 책이 시중에 나와 있다. '그럼 그런 책을 읽기만 하면 지성을 갈고닦는 공부법이나 사고법을 간단히 습득할 수 있지 않을까?' 이렇게 생각하는 사람도 많을 것이다.

그러나 공부법이나 사고법을 다룬 책은 곧바로 실천하는 방법은 곧잘 알려주지만, '사고'에 관한 본질적인 질문을 던지는 일은 매우 드물다. 이 책이 혼자서 공부하는 방법이 아니라 혼자서 공부하는 데 필요한 사고법에 초점을 맞추어야 한다고 생각한 이유가 여기에 있다.

예를 들어 비판적 사고(critical thinking)에 관한 책이라면 '본래 어떤 사고를 논리적이라 하는 것은 무엇 때문인가', '관점에 따라 사고가 논리적으로 보일 수도, 그렇지 않을 수도

'비판적'이란 무엇일까?

비판적 사고
(critical thinking)

'논리적'이란 어떤 상태일까?

논리적 사고
(logical thinking)

있지 않은가'라는 문제부터 짚어보아야 한다.

그러나 실천 방법을 설명하는 책 중 이런 사고에 관한 본질적인 질문을 제대로 다루고 있는 책은 찾아보기 어렵다. (개중에는 질문을 끌어내는 방법을 설명해주지도 않고 "머릿속에 떠오르는 대로 질문을 마구 던져 본다. 그중 본질적인 질문을 찾아낸다" 라고 쓴 책도 있다.) 사고에 관한 본질적인 질문을 던지려면 단순히 방법을 열거하는 것보다 (한 단계 위에서) 메타적으로 방법을 비판하는 시각이 무엇보다 중요하다.

그러면 더 실천적이고 본질적인 공부에 매진하려면 어떻게 해야 할까? 여기서 절대적인 효력을 발휘하는 것이 '철학' 이라는 학문이다. '철학' 하면 어쩐지 접근하기 어려울 것 같지만, 철학의 역사에서 혁신적인 질문의 보고(寶庫)를 찾아낼 수 있다.

최근 몇 년 사이 대기업과 명문 중고교에 도입되기 시작한 '철학 대화'(대화 참가자들이 빙 둘러앉아 자유롭게 질문을 주고받으며 생각을 발전시켜 나가는 대화의 한 형태로 1960년대 미국에서 시작된 '아동을 위한 철학'에서 유래되었다 – 옮긴이)의 실천을 통해서도 폭넓은 유형의 질문을 배울 수 있다. 말하자면 철학은 상식 속에 묻힌 질문을 찾아내고 그것을 언어로 표현하여 독창적 사고에 이르는 자기 공부를 위한 최고의 도구다.

나는 이제까지 도쿄대학에서 철학을 전문적으로 연구해

왔다. 짧지 않은 시간 철학을 공부하면서 '탐구를 위한 공부' 기법을 터득하고 기량을 갈고닦을 기회를 얻었다. 이 책을 통하여 그간의 철학 공부 경험에서 얻은 식견과 방법론을 남김없이 전수하고 싶다.

그런 의미에서 이 책은 혼자서 공부하는 데 필요한 사고법을 담은 독학책이면서 지성을 갈고닦는 방법을 전하는 철학책이다.

배우고 익히는 일의 본질

본론에 들어가기 전에 이 책의 구성을 살펴보자. 이 책은 전반부 원리 편과 후반부 응용 편으로 나뉜다.

원리 편에서는 '탐구를 위한 공부'를 실천하는 데 필요한 사고법의 토대가 되는 다섯 가지 생각하는 힘을 다룬다. 인트로에서는 나의 학창 시절 체험담을 바탕으로 '생각한다는 것은 무엇인가'라는 질문에 답을 찾아나선다. 내게 독서법에 대하여 근본적으로 고민할 수 있는 기회를 제공한 철학자 아르투어 쇼펜하우어(Arthur Schopenhauer)의 명저 『문장론』을 바탕으로 '생각하기'를 '달리기'에 비유하며 '독서'와 '사색'의 차이를 따져본다.

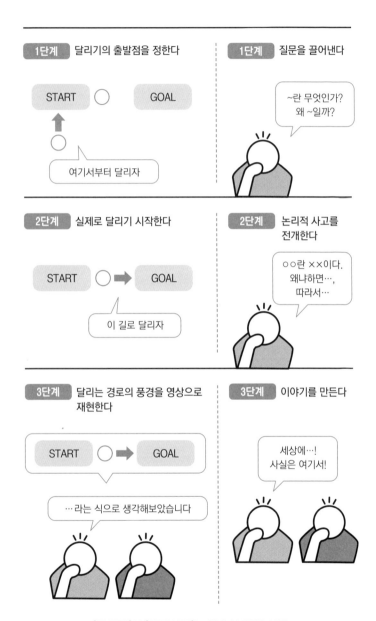

'달리기'와 '생각하기'는 비슷한 면이 있다

1장부터 5장에서는 '스스로 생각하고 답을 찾아가는 힘'을 기르는 절차를 세 단계로 나누어 설명한다.

- 1단계 질문 끌어내기: 달리기의 출발점을 정한다
- 2단계 논리적 사고 전개하기: 실제로 달리기 시작한다
- 3단계 이야기 만들기: 달리는 경로의 풍경을 영상으로 재현한다

1단계는 질문을 끌어낸다. 숲속에 있는 목적지로 가려면 '어느 방향으로, 어디서부터 달려야 하는가'를 생각해야 한다. 마찬가지로 현실 세계에서 풀리지 않는 문제와 마주하면 '무엇부터, 어떻게 생각해야 하는가'를 고민해야 한다. 1장에서는 사고의 출발점을 정하는 기술로 '질문을 끌어내는 힘'을 설명한다.

2단계는 논리적 사고를 전개한다. 달리다 넘어졌을 때 일어나서 다시 달리거나, 경로를 유연하게 바꾸려면 여러 가지 생각을 해야 한다. 마찬가지로 실제로 사고를 시작했을 때 단편적이고도 산만한 생각을 모아 체계적인 사고로 정립하려면 '어떻게 흐트러진 생각을 정리할 것인가'를 고민해야 한다. 2장, 3장, 4장에서는 논리적 사고를 전개하는 기술로 각각 '분절하는 힘', '요약하는 힘', 그리고 '논증하는 힘'을 설명한다.

3단계는 이야기를 만든다. 목적지에 도착한 뒤 자신이 달려온 경로의 풍경을 타자에게 열정적으로 설명하는 능력도 중요하다. 마찬가지로 논리가 세워지고 사고가 구체화하면 '사고 과정을 어떻게 명쾌하고 유려하게 전달할 것인가'를 고민해야 한다. 5장에서는 추상적 사고를 가시화하는 기술로 '이야기화하는 힘'을 설명한다.

여기까지가 원리 편에 해당한다. 이 같은 3단계 사고법을 습득하면 '탐구를 위한 공부'를 실천하는 데 필요한 사고 기반을 확고하게 다질 수 있다.

세상과 사람 이해하기

응용 편에서는 생산적이고 원활한 논의를 통하여 배움의 깊이를 더하는 대화적 사고방식을 다룬다. 흔히 독학이라 하면 글자 그대로 혼자 책상에 앉아 공부하는 일로 생각하기 쉽지만, 독학은 타자와의 대화를 거칠 때 비로소 그 진가를 발휘한다.

그 이유는 두 가지를 꼽을 수 있다. 하나는 타자와의 대화는 혼자서 공부하는 사람이 독단적이고 독선적인 사고에 빠지는 것을 막아주기 때문이다. 타자의 의견은 우리의 폐쇄적인 사고 구조에 바람구멍을 뚫어주는 존재다. 다른 하나는, '탐구를 위한 공부'는 결코 혼자 완수할 수 있는 것이 아니기 때문이다. 참된 사고는 여러 사람과의 대화 속에서 비로소 본래의 빛을 발한다. '독학'이라는 단어에서는 상상하기 어렵지만, 타자와의 대화는 '탐구를 위한 공부' 기법을 익히고 실천하기 위하여 반드시 거쳐야 하는 과정이다. 정답이 없는 시대에는 스스로 생각하는 것만큼 타자의 사고에서 자극을 받아 생각을 발전시키는 유연성도 필요하다.

이런 문제의식을 바탕으로 6장부터 8장에서는 대화적 사고방식을 세 단계로 설명한다.

- 1단계 질의하기: 질문으로 타자에게 다가간다
- 2단계 논의하기: 타자 입장에서 호의적으로 해석한다
- 3단계 설명하고 공감하기: 타자에게 적합한 이미지를 사용한다

1단계는 질문으로 타자에게 다가간다. 타자와 의사소통을 시도할 때 처음부터 서로 의견이 완벽하게 일치하는 일은 드물다. 그러나 그때마다 '하지만'이나 '그렇게 생각하지 않는다'와 같은 말로 응수한다면 타자와의 의사소통은 늘 삐걱대고 말 것이다. 그런 태도를 개선하지 않는다면 '능력'(competence)은 있으나 '호감도'(likeability)는 낮다는 평

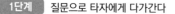

O
예를 들어 이런 경우에는…?
또 이 점에 대해서는…?

그렇죠…

X
하지만…,
그러나…

…

2단계 타자 입장에서 호의적으로 해석한다

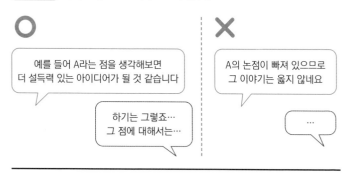

O
예를 들어 A라는 점을 생각해보면
더 설득력 있는 아이디어가 될 것 같습니다

하기는 그렇죠…
그 점에 대해서는…

X
A의 논점이 빠져 있으므로
그 이야기는 옳지 않네요

…

3단계 타자에게 적합한 이미지를 사용한다

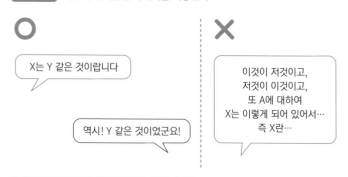

O
X는 Y 같은 것이랍니다

역시! Y 같은 것이었군요!

X
이것이 저것이고,
저것이 이것이고,
또 A에 대하여
X는 이렇게 되어 있어서…
즉 X란…

가를 받을 수 있다. 6장에서는 질문으로 타자와 원활하게 의사소통을 하는 기술을 설명한다.

2단계는 타자 입장에서 호의적으로 해석한다. 우리는 자신과 의견이 다른 사람과 의사소통을 할 때 종종 둘 중 하나는 틀렸다고 생각하기 쉽다. 내 의견이 옳다면 상대의 의견은 그르다. 그러나 '호의적 해석'(charitable reading)이라는 철학 현장에서 널리 알려진 독해 방법을 적용하여 상대의 입장에서 생각하면 새로운 관점을 얻고 풍요로운 사색을 즐길 수 있다. 7장에서는 호의적 해석으로 타자와 생산적으로 의사소통을 하는 기술을 설명한다.

3단계는 타자에게 적합한 이미지를 사용한다. 사물을 설명할 때 그 내용이 단순히 추상적으로만 흐르거나, 반대로 구체적으로만 흐르지 않도록 적절한 방법을 고안해야 한다. 추상적이기만 한 설명으로는 아무것도 전달할 수 없고, 그렇다고 구체적이기만 한 설명으로는 어떤 사고의 확장도 이룰 수 없기 때문이다. 여기서 활용할 수 있는 강력한 말의 기법이 은유(metaphor)와 유추(analogy)다.

이 두 가지 기법을 사용하면 단순한 개념적 이해를 뛰어넘어 그야말로 눈이 뜨이는 듯한 이해를 타자는 물론 자신에게 선사할 수 있다. 혁신적 사고는 타자와의 대화 속에서 탄생하는 법이다. 8장에서는 타자의 요구에 맞추어 유연하게 의

사소통을 하는 기술을 설명한다.

독학자의 생존 문법

처음부터 현명한 사람은 없으며, 노력 여하에 따라 누구든 사고력을 키울 수 있다. 하지만 단순히 손쉬운 방법을 암기하여 대충 따라 하는 정도로는 사고력을 키우기 어렵다. 사고력은 오랜 세월에 걸쳐 훈련을 거듭해야만 비로소 날카롭게 벼려진다. 지성은 하루아침에 갈고닦을 수 없다.

정답이 없는 시대를 살아가기 위하여 지성을 구하는 우리 앞에는 수많은 난관이 기다리고 있다. 하지만 현실 세계의 풀리지 않는 문제에 진심을 다하여 부단히 도전한다면 누구나 빛나는 지성을 얻을 수 있다. 이 책은 그렇게 마음을 다하여 풀리지 않는 문제와 씨름하고 싶은 사람, 탁월한 사고력을 얻어 새로운 삶을 찾고 싶은 사람을 응원하기 위한 도구다.

이 책을 읽고 많은 사람이 새로운 사고법, 곧 새로운 삶의 방식을 발견한다면 저자로서 이보다 더 큰 기쁨은 없을 것이다.

혼자 공부하는 사람을 위한
사고법

원리 편
스스로 생각하고 답을 찾아가는 힘

응용 편
배움의 깊이를 더하는 대화적 사고

1단계
질문을 끌어내는 힘
– 사고의 출발점 정하기

1단계
질의하는 법
– 질문으로 타자에게 다가가기

2단계
분절하는 힘
– 정보의 질 가려내기

요약하는 힘
– 이해의 깊이 더하기

논증하는 힘
– 논리를 이어 생각 다지기

2단계
논의하는 법
– 타자 입장에서 호의적으로
해석하기

3단계
이야기화하는 힘
– 이야기로 만들어 전하기

3단계
설명하고 공감하는 법
– 타자에게 적합한 이미지 사용하기

시작하며 문자의 바닷속에서 균형을 잃지 않으려면 • 5

1부 **원리 편**
스스로 생각하고 답을 찾아가는 힘

인트로 생각한다는 것은 무엇인가 • 27

1장 **질문을 끌어내는 힘** * 사고의 출발점 정하기

좋은 질문과 나쁜 질문 • 53

보편성을 둘러싼 질문 / 주장의 근거, 논리의 비약, 사물의 본질 찾기 • 56

구체성을 둘러싼 질문 / 상상하는 장면, 단어의 의미, 이해의 차이 밝히기 • 62

가치관을 둘러싼 질문 / 공감의 이유, 공존의 길 모색하기 • 66

달릴 준비 마치기 • 70

2장 **분절하는 힘** * 정보의 질 가려내기

세 가지 논리의 기술 • 73

정보 덩어리 정리하기 / 무엇이 중요한 정보인가 • 77

형태로 분절하기 / 주제와 연관된 키워드 뽑기 • 81

색으로 분절하기 / 긍정적 주장, 부정적 주장 찾기 • 87

부분과 전체의 순환 / 단어의 의미, 문장의 의미 서로 잇기 • 91

메모로 분절하기 / 막힌 문장, 동의 표현, 연결고리 적기 • 94

3장   요약하는 힘 * 이해의 깊이 더하기

요약이란 무엇인가 • 99

시작단어찾기 / 요약의 시작은 분절하기 • 101

단어배열하기 / 양적으로, 질적으로 압축하기 • 105

구멍찾기 / 미처 짚어내지 못한 서술 보태기 • 107

4장   논증하는 힘 * 논리를 이어 생각 다지기

태초에 질문이 있었다 • 115

첫질문 정하기 / 표면적 질문, 본질적 질문 가려내기 • 117

논거짜기 / 논증하는 글쓰기 • 121

로직연결하기 / 질문과 답변의 순환 • 123

논증을 뒷받침하는 힘 • 130

5장   이야기화하는 힘 * 이야기로 만들어 전하기

추상적인 것을 현실에 드러내 보이기 • 135

개념의 의인화 / 수형도 그리기 • 137

문장의 영상화 / 강약과 장단 조절하기 • 143

이야기화하는 힘의 두 얼굴 • 149

2부 응용 편
배움의 깊이를 더하는 대화적 사고

인트로 왜 철학 대화가 필요한가 • 155

6장   **질의하는 법 *** 질문으로 타자에게 다가가기

대화란 부하를 거는 행위 • 165

진의 확인하기 / 어떤 이미지를 상상하는가 • 169

본심 간파하기 / 어디에나 두루 적용되는가 • 173

질문이 되지 않는 질문 피하기 / 말투 하나 바꿨을 뿐인데 • 176

어떤 사람과도 대화하는 법 • 178

7장   **논의하는 법 *** 타자 입장에서 호의적으로 해석하기

호의적 해석이란 무엇인가 • 188

사전 준비하기 / 분절력과 요약력은 필수 • 195

구문 해석하기 / 누락된 논점 보강하기 • 199

혼자서는 불가능한 생각 • 206

8장 설명하고 공감하는 법 * 타자에게 적합한 이미지 사용하기

타자와의 간극 좁히기 • 211

은유란 무엇인가 • 213

은유 만들기 / 아리스토텔레스의 관점에서 • 216

은유로 전달하기 / 동굴 탐험과 철학 연구의 공통점 • 221

유추로 공감하기 / 궁지에 내몰린 타자를 향한 상상력 • 226

마치며 지금 우리에게 탐구를 위한 공부가 필요한 이유 • 234

1부

원리 편

스스로 생각하고 답을 찾아가는 힘

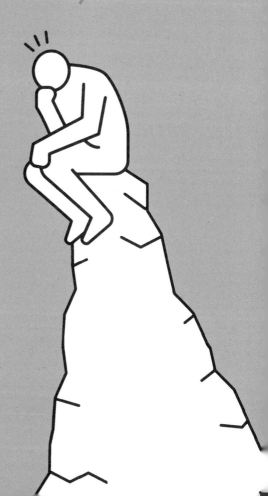

아무것도 생각할 수 없던 학창 시절

한때 '생각한다는 것은 무엇인가'라는 질문에 압도된 적이 있다. 그 일은 내게 생각한다는 행위를 근본적으로 재고하는 계기가 되었다. 본격적으로 생각한다는 행위가 무엇인지에 대하여 설명하기에 앞서 그 일화를 들려주고 싶다.

고교 시절, 나는 공부를 그다지 잘하지 못했지만 세계사 수업만큼은 정말 좋아했다. 세계사 수업은 마치 영화를 보는 듯한 기분으로 공부할 수 있었기 때문이다. 그런 내가 대학에서 사학과에 들어간 것은 큰 행운이었다. 아마 강의를 듣는 태도는 사학과 학생 중 내가 가장 진지했을 것이다.

대학이라는 새로운 환경에서 지식의 힘을 키우기 위하여 나는 일단 책을 많이 읽기로 마음먹었다. 지금 떠올리자니 쑥스럽지만, 헌책방을 돌아다니며 닥치는 대로 책을 사서 읽었다. 다 읽은 책은 차곡차곡 탑을 쌓아놓았다. 탑이 높아질수록 지식의 힘이 커지는 듯했다. 돌이켜보면 단순히 자기만족에 불과했지만, 그 무렵에는 책탑을 보고만 있어도 괜히 마음이 뿌듯했다.

대학 2학년 여름방학 때의 일이다. 어느 날, 나는 친구 셋과 함께 오사카로 여행을 떠났다. 우리는 도쿄역에서 신칸센을 타고 오사카로 갔는데, 기차 안에서 나는 역사책을 읽고 있었다. 친구들이 무슨 책을 읽느냐고 묻길래, 책 내용을 짤막하게 소개하면서 한 구절을 인용해 "17세기 유럽은 진보했다"라고 말했다. 그러자 한 친구가 이런 질문을 던졌다. "어째서 17세기 유럽이 진보했다고 말할 수 있을까?"

지금 생각하면 예를 들어 과학사나 정치사의 관점에서 '진보'에 대하여 어떻게든 설명을 덧붙일 수도 있었을 것이다. 하지만 책에 푹 빠져 있던 나는 '그 이야기가 몇 페이지에 적혀 있더라?'라는 생각밖에 할 수 없었다. 머릿속이 마치 저자의 다양한 주장을 여기저기 잘라 누덕누덕 기워놓은 것 같았다. 게다가 인간의 기억력은 한계가 있어, 나는 책에 적힌 표현이 어땠는지 제대로 기억하지도 못했다. (내내 '으음, 그 책에

뭐라고 적혀 있었더라…'라고 중얼거렸다.) 나는 그때 처음으로 '나 스스로 무언가를 생각한다'라는 행위를 전혀 못 한다는 사실을 깨달았다.

그럼 대체 나는 그동안 무엇을 한 걸까.

일문일답식 지식관의 저주

'생각한다는 것은 무엇인가'라는 주제가 거론될 때마다 나는 이 일화를 떠올린다. 돌이켜보니 그때 나는 아마 '지식'을 다음과 같이 이해하고 있었던 모양이다.

- 지식은 누적된다
- 지식은 사고 도구다
- 지식을 수집하는 행위 자체가 사고력을 키운다

지식은 누적된다

나는 지식이란 기초에서부터 차곡차곡 쌓이는 것으로 생각했다. 만약 온 세상 지식의 총량을 알 수 있다면 예를 들어 '지금은 전체의 2퍼센트에 해당하는 지식을 갖고 있다', '이 분야를 다 알면 전체의 10퍼센트에 해당하는 지식을 가질 수 있다'라는 식으로 지식의 습득 정도나 숙련도를 잴 수 있다고 생각했다.

이런 사고방식을 가진 사람은 '지식은 닥치는 대로 암기해야 한다'라는 발상에 사로잡힐 수 있다. 나는 지식은 차곡차곡 쌓이는 것이므로 한 가지만 아는 사람보다 백 가지를 아는 사람이 낫다는, 얼핏 자명해 보이는 발상에 사로잡혀 '어쨌거나 책을 많이 읽자!'라고 목표를 설정했다.

지식은 사고 도구다

나는 또한 지식이란 단순히 사고 도구일 뿐이라 생각했다. 지식은 인간 사고의 정확성과 응용성을 키워주는 편리한 아이템 같은 것이고, 지식이 풍부하면 그만큼 단단한 사고를 전개할 수 있다고 믿었다. 이런 사고방식의 배경에는 '지식은 그것을 만들어내는 사고 활동에서 분리된 존재고, 세상에는 마치 원자처럼 무수히 많은 지식이 존재한다'라는 전제가 깔려 있다. 말하자면 지식은 '누가 어떤 맥락에서 생각했는가'라는 질문에서 떨어져 나온, 완전히 순수한 (객관적인) 존재라고 믿었다.

지식을 수집하는 행위 자체가 사고력을 키운다

마지막으로 나는 지식을 수집하는 행위 자체가 사고력을

키운다고 믿었다. 지식이란 차곡차곡 쌓이는 것이고 단순한 사고 도구에 불과하다면 그런 유용한 존재인 지식을 모으기만 해도 사고력이 향상되리라 생각했다.

이런 사고방식은 내 독서법에 결정적 영향을 미쳤다. 나는 책에 적힌 내용을 닥치는 대로 머릿속에 집어넣으면 저절로 사고력이 향상된다고 믿었다. 그리고 책에 적힌 내용을 거리낌 없이 머릿속에 입력하는 것을 독서라 생각했다. 당시 나는 '어떤 관점을 취할 때 이런 주장이 나오는가'라는 점을 의심하지 않고 책에 적힌 대로 고스란히 믿으며 아무것도 표시하지 않은, 말 그대로 새하얀 독서를 했다.

이런 세 가지 테제가 떠받친 지식에 대한 사고방식을 나는 '일문일답식 지식관'이라 부른다. 예를 들어 1만 개의 질문이 적힌 일문일답식 책이 눈앞에 있으면 우리는 자연스럽게 책을 읽고 나면 그만큼의 객관적 지식이 차곡차곡 쌓일 것으로 생각한다. 또한 첫 번째 질문, 두 번째 질문 식으로 질문을 던지고 답하는 방식으로 글이 전개되면 '그것은 어떤 사람이 제기한 문제인가'를 생각할 때를 놓치고 저자의 설명을 따라가기 바쁘다. 결국 이런 형식으로 쓰인 책으로 공부하는 방법에 익숙해져 차츰 책 속에 담긴 지식을 폭넓게 머릿속에 입력하는 행위가 곧 사고력을 키우는 훈련이라는 생각에 빠져든다.

당시 나는 일문일답식 지식관에 근거하여 단순히 책에 적힌 내용을 닥치는 대로 머릿속에 집어넣는 독서법을 오랫동안 고수했다. 그 결과 사고력 자체를 잃고 말았다. 그토록 크게 낙담한 경험은 이전에도 이후에도 없었다. 단순히 책을 읽기만 한다면 사고력은 사라지고 만다.

쇼펜하우어와의 만남

그렇게 대학 2학년 여름방학이 끝나고 나는 바보가 되어버렸다는 자괴감에 시달리며 다시 캠퍼스를 오갔다. 어느 날, 학교 도서관 지하 1층의 평소 눈여겨보지 않던 서가에서 『문장론』이라는 책을 발견했다. 철학자 아르투어 쇼펜하우어가 『행복론과 인생론』이라는 논집에서 세 편의 글을 골라 엮은 책이었다. 때마침 독서법을 깊이 반성하고 있던 차라 그 책과의 만남은 내게 반쯤 운명과도 같았다. 나는 『문장론』을 집어 들고 1층 대출 코너로 갔다. 그리고 귀갓길에 지하철 안에서 빌린 책을 읽기 시작했다.

그때의 충격은 지금도 잊을 수가 없다. '아, 그래서 그랬구나.' 모든 것이 이해되는 순간이었다. 나는 직관적으로 그 책이 나와 같은 생각을 가진 사람을 위하여 쓰인 저작임을 알았다. 쇼펜하우어는 독서법을 두고 특유의 냉철하고 정곡을 찌르는 문체로 경종을 울리고 있었다. 그의 말을 직접 들어보자.

독서는 말하자면 자기 머리가 아니라 남의 머리로 생각하는 것이다. 끊임없이 독서를 계속하다 보면 어김없이 타인의 사상이 내 머릿속으로 흘러든다. 그러나 약간의 빈틈도 없을 만큼 완벽한 체계까지는 아니더라도 늘 자기 나름대로 사상을 정리하고자 하는 사색에 이만큼 해로운 것도 없다. 타인의 사상은 어느 것을 취한들 저마다 다른 정신을 모태로 삼아 다른 체계에 소속되어 다른 색채를 띠고 있어, 각자 자연스럽게 결합하여 참된 사색과 지식, 견문과 학식, 확신을 동반하는 전체적인 조직을 만드는 데 이르지 못한다. 오히려 머릿속에 창세기 바빌론을 연상시키는 말의 혼란을 불러일으키다 결국 그것을 가득 욱여넣은 정신에서 통찰력을 빼앗고 장애나 다름없는 상태에 빠뜨리기 때문이다.

그때까지 나는 이토록 내 이야기 같다고 공감한 책을 읽어본 적이 없었다. 쇼펜하우어의 거침없는 문장은 당시 내가 빠져 있던 생각을 정확하게 표현했다.

독서는 사색의 대용품에 그칠 뿐이다. 그럼 독서와 구별되는 '사색'이라는 행위는 요컨대 어떤 것일까? 쇼펜하우어의 논의를 참고하여 '스스로 생각한다는 것은 무엇인가'라는 문제를 생각해보자.

독서는 타인의 사색 흔적을 추적하는 일

독서법을 언급한 쇼펜하우어의 글을 계속 읽어보자.

독서는 타인의 생각을 가져오는 일이다. 책을 읽는 우리는 타인이 생각하는 과정을 반복적으로 더듬어갈 뿐이다. 이는 습자를 연습하는 학생이 선생이 쓴 연필 선을 따라 글자를 쓰는 것이나 마찬가지다. 그래서 독서를 할 때는 생각하는 수고를 덜 수 있다. … 하루 중 대부분을 다독으로 보내는 부지런한 사람은 차츰 스스로 생각하는 힘을 잃어간다.

앞서 인용한 구절과 마찬가지로 여기서도 쇼펜하우어는 '책을 읽는다'라는 행위를 통렬하게 비판한다. 쇼펜하우어에게 책을 읽는다는 것은 '타인이 생각하는 과정을 반복적으로 더듬어가는' 행위일 뿐이다. 그는 '책'을 타인의 생각을 담아놓은 매개체로 간주한다. 책을 숱하게 읽는다는 것은 다양한 사람들이 저마다 생각한 것을 단편적으로 이어 붙이는 행위에 그친다.

결과적으로 그렇게 해서 얻을 수 있는 것은, 쇼펜하우어의 표현을 빌리자면 '타인에게서 마구 긁어모은 재료로 만든 자동 인형'일 뿐이다. 그 움직임이 매우 딱딱할뿐더러 '왜 그렇게 말할 수 있는가'라는 고작 한 질문에 대해서조차 만족스러운 대답을 내놓지 못한다. 타인의 지식을 주위 모은 것과 자기 자신의 사색으로 이끌어낸 체계적인 사고 사이에는 절대 좁힐 수 없는 간극이 있다.

글씨 쓰기를 익힐 때 많이 하는 습자 연습을 떠올려 보자. 습자 선생은 당연히 제 손으로 글자를 쓴다. 하지만 그것을 따라 쓰는 학생은 딱히 자기 스스로 글자를 쓴다고 할 수 없다. '희미한 선 위에 따라 그리는' 행위와 '자기가 직접 글자를 쓰는' 행위는 별개다. (예를 들어 러시아어 문자를 따라 그릴 수 있다고 해서 아무것도 보지 않고 스스로 러시아어 문장을 쓸 수 있는 것은 아니다.) 문장을 따라가며 책을 읽는 행위만으로는 스스로 생각한다고 할 수 없다. 자기 머리로 생각한다는 것은 스스로 문장을 쓰는 일이다. 단순히 타인의 사상을 되뇌는 것이 아니라 자신만의 사색을 전개하는 행위다.

이런 차이를 고려하지 않고 타인의 문장을 따라 쓴다면 그

종합적·체계적 사고

 남의 것을 주워 모은 지식

것을 그대로 베끼는(남에게 떠밀려 억지로 그렇게 생각하는) 데 그칠 뿐이다. 단순히 책을 읽기만 한다면 타인의 사고를 강요당하는 예속적인 상태에 머무를 뿐이며, 결과적으로 사고력과 통찰력을 잃는다.

생각하기는 달리기

쇼펜하우어는 우리가 읽는 책은 모래 위에 남은 '발자취'와 같다고 말한다. 이 표현은 앞서 인용한 습자 비유와 일맥상통하는 면이 있다. 선인은 모래 위를 제 발로 걸었기에(자기 머리로 생각했기에) 발자취(책)를 남길 수 있었다. 나는 모래 위에 남은 발자취가 곧 책이라는 쇼펜하우어의 비유를 실마리로 '생각하기'가 곧 '달리기'라고 이해했다. (참고로 쇼펜하우어는 '모래 위에 남은 보행자의 발자취'라고 말했으므로 그의 논의에서는 '달리기'라는 요소를 강조하지 않는다.)

이런 사고방식에 근거할 때 단순히 책에 적힌 내용을 머릿속에 집어넣는 독서법은 실제로 무엇을 하는 일일까? 그것은 모래 위에 남은 발자취를 따라 느긋하게 걷는 행위에 불과할 뿐이다. 눈앞에 길이 있고 거기에 남은 누군가의 발자취를 더듬어가는 행위다. 이는 일종의 관광 명소를 돌아보거나 나름대로 기분 전환 삼아 걷는 일이 될 수 있지만, 그것만으로는 결코 달리기 연습이 되지 않는다. '스스로 생각하는 힘'을 기르려면 자신이 직접 달릴 경로를 선택하고, 그 경로와 자신의 자세를 돌아보며 끊임없이 반성하는 노력을 거듭해야 한다.

여기서도 앞서 인용한 습자 비유와 일맥상통하는 면을 찾아볼 수 있다. 단순히 모래 위의 발자취를 더듬어가기만 하는 사고를 계속하면 타인이 시키는 대로 생각하는 사고에 익숙해진다. 타인이 남긴 발자취를 따라가는 사고 형태는 지극히 종속적인 성격을 띤다. 지식에 사고가 지배되는 것이다. 이런 사람의 머릿속을 '타인의 사고 운동장'이라 표현한 쇼펜하우어의 통찰은 그야말로 혜안이다.

발자취를 따라 사색하기

'생각하기는 달리기', '발자취는 책'이라는 비유를 실마리로 생각이라는 행위의 본질을 생각해보자. 중요한 것은 스스로 달리는 것이지 모래 위에 남은 발자취를 따라가는 것이 아니다. 이렇게 말하면 자칫 '이제 책을 읽을 필요는 없는 걸까'라고 생각하는 사람이 있을지도 모르지만 그렇지 않다.

책은 우리에게 늘 필요한 존재다. 선인의 발자취를 돌아보지 않은 채 달린다면 길 없는 곳에서 어찌할 바를 몰라 당황할 수 있다.

예컨대 육아로 고민하는 사람이 갑자기 '교육이란 무엇인가'라는 문제를 생각하기란 어려울 것이다. 마찬가지로 '사회가 지금 이대로 가면 안 된다'라고 생각하는 사람이 갑자기 '정의란 무엇인가'라는 문제를 생각하기도 어려울 것이다. 자기 다리로 달린다고 하더라도 어디서부터 달려야 할지(무엇부터 생각해야 할지) 생각하기란 어려운 일이다. 따라서 스스로 생각하는 힘을 기르려면 발자취(책)와 함께 달리는(생각하는) 훈련이 필요하다.

뒤에서 설명하겠지만 '질문'을 던지면서 독서하는 자세가 필요하다. 그 과정에서 우리는 선인과는 다른 경로를 달리게 된다. 책을 읽으면서 '정말 그럴까', '다른 사고방식이 있지 않을까'라는 생각이 들 때 우리는 갈림길에 이른다. 거기서부터는 지금까지와는 다른 경로로 발자취를 더듬어가거나(읽는 책을 바꾸거나), 혹은 이제까지 누구도 지난 적이 없는 길을 달리게 될지(자신이 새로운 문장을 쓰게 될지)도 모른다.

선인의 발자취를 따라 자기 다리로 달리는 일은 매우 중요하다. 내가 '걷기'가 아니라 '달리기'라는 비유를 강조하는 이유는 사고력은 오랜 세월에 걸쳐 조금씩 단련된다고 믿기 때

문이다. 생각한다는 행위에는 상상 이상으로 많은 '지적 체력'이 필요하다.

끊임없이 생각을 거듭한다는 것은 정말 머리가 아픈 일이다. 이는 달리기를 계속하면 다리가 아픈 것과 같다. 예를 들어 상대의 이야기를 가만히 듣는 것조차 진지하게 접근하면 여간 지치는 일이 아니다. 무언가를 진지하게 생각하려면 매일 훈련하며 지적 체력을 단련해야 한다.

실제로 달리는 과정에서 자신에게 맞지 않는 자세를 취하면 좋은 기록이 나오기 어려울 뿐 아니라 자칫 다리를 다칠 수 있다. 이런 이유로 많은 사람이 좋은 자세를 배우기 위하여 훌륭한 선수나 코치의 자세를 따라 하기도 한다. 철학책을 읽는 이유도 이와 비슷하다. 철학책을 읽음으로써 우리는 한 가지 사고 형태(사고방식)을 배울 수 있다. 내가 '달리기'라는 비유를 통하여 '생각하기'라는 행위의 본질을 탐구하고자 하는 이유가 여기에 있다.

거듭 강조하거니와 지식을 수집하는 과정과 스스로 생각하는 과정은 별개로 다루어야 한다. 바꾸어 말하면 인간 지성을 단련하는 과정에서 가장 본질적인 행위는 지식의 수집이 아니라 지식을 만들어내는 사색을 자발적으로 거듭하는 일이다. 현재의 학교 교육은 한결같이 지식을 수집하는 과정에 초점을 맞추고 있을 뿐 아니라, 방대한 지식을 억지로 욱여넣은 사람을 과도하게 칭찬하는 풍조가 만연해 있다는 점에서 지적받아야 마땅하다.

일문일답식 지식관 수정하기

지금까지 설명한 '독서'와 구별되는 '사색'의 본질에 근거하면 앞서 소개한 '일문일답식 지식관'은 다음과 같이 수정할 수 있다.

- 지식은 언제든 수정될 수 있다
- 지식은 사고를 규정한다
- 사고의 본질은 사색을 전개하는 행위다

지식은 언제든 수정될 수 있다

지식은 단순히 쌓이는 것이 아니다. 지식은 옛 사색 흔적이므로 새로운 사색의 과정을 거치면 그 형태가 바뀔 수밖에 없다. 이는 사전이나 학술서가 연구 진전에 따라 끊임없이 내용이 수정되는 점을 보면 잘 알 수 있다.

지식은 어떤 관점에 따라 일정한 명제나 정의로 규정된다. 관점이 없는 지식은 존재하지 않는다. 관점이란 '어떤 지점

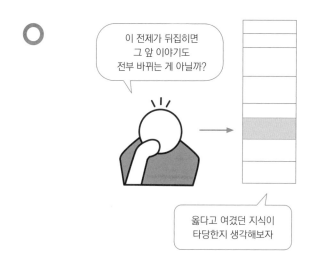

에서 어떻게 달리기 시작하는가'(생각하기 시작하는가)를 정하
는 기준이다. 연구 진전에 따라 관점이 바뀌면 지식도 수정
될 수밖에 없다.

단순히 지식을 쌓는 것은 인간 지성에서 본질적인 행위가
아니다. 중요한 것은 거기서부터 시작해 지식이 명제나 정의
로 규정되는 관점의 타당성을 스스로 검토하고 그것을 취하
는 행위다.

지식은 사고를 규정한다

지식은 단순히 사고에 봉사하기만 하는 도구가 아니다. 수
동적이고 예속적인 사고에서는 지식이 주인이 될 수 있다.
세상을 바라보는 자기 나름의 비판적 시각을 잃으면 사람들
은 '여기에 이렇게 적혀 있으므로 틀림없겠지'라며 책이나
인터넷에 적힌 지식에 의존해 판단을 내리게 된다.

지식이 사고를 지배하는 시대에는 누구도 책임 있게 무언
가를 곱씹고 판단하지 않는다. 이때 지식으로 규정되었다는
사실을 깨닫지 못하고 스스로 판단한 것처럼 착각하는 사람
들이 늘어나면 사회는 치명적인 타격을 입는다. 그런 생각하
지 않은 사고 습관은 유언비어와 음모론이 떠도는 온상이 되
기 때문이다. 진정한 지배자는 피지배자에게 자신이 지배되
고 있다는 사실을 실감하지 못하게 만든다.

지식은 사고를 규정한다

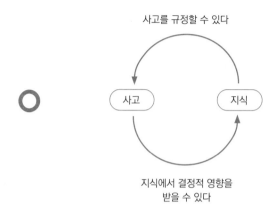

사고를 규정할 수 있다

사고 · 지식

지식에서 결정적 영향을
받을 수 있다

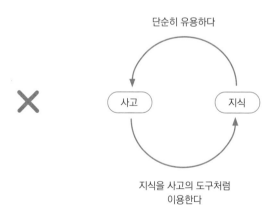

단순히 유용하다

사고 · 지식

지식을 사고의 도구처럼
이용한다

사고의 본질은 사색을 전개하는 행위다

앞의 두 지식관에서 분명하게 드러났지만, 사색의 관점에서 보면 지식의 수집 자체는 큰 의미가 없다. 지식이란 옛 사색의 흔적이고, 그 흔적을 아무리 긁어모은들 그것이 스스로 사색하는 일이 될 수 없기 때문이다. 그런 까닭에 책에 적힌 내용을 단순히 머릿속에 집어넣는 독서로는 쇼펜하우어의 말처럼 아무것도 스스로 생각하지 못하는 상태에 머무르게 된다.

사색하는 정신에 필요한 것은 단순히 책을 읽고 거기에 담긴 지식을 받아들이는 일방적인 독서법이 아니다. 질문을 던지면서 책을 읽는 쌍방향 독서법이다. 질문을 던지면서 책을 읽는다는 것은 '다른 사고방식이 있는 게 아닐까', '이 경로 끝에 펼쳐지는 관점은 어떤 걸까' 하고 끊임없이 곱씹으면서 저자의 사색을 새롭게 더듬어가는 일이다. 그렇게 사고 흐름의 타당성을 확인하면서 책을 읽어나가면 옛 사색 흔적과 나란히 달릴 수 있다. 이 '나란히 달리기'는 독서라는 행위와 사색이라는 행위를 하나의 궤도로 이어주는 매개체다.

이와 같은 지식관의 변형은 독서법뿐 아니라 지식과 사고의 관계성 자체를 근본적으로 재고하는 일이기도 하다. 참된 의미에서 사고 습관을 바꾸려면 앎을 규정하는 지식관 자체를 수정해야 한다.

사고의 본질은 사색을 전개하는 행위다

○
사고의 본질 → 사색의 전개

✕
사고의 본질 → 지식의 수집

자기 다리로 달리기

그렇다면 '자기 다리로 달린다'라는 것은 무엇일까? 어떻게 해야 자기 다리로 달렸다고 할 수 있을까? 이 질문에 답하기 위하여 1부에서는 자기 다리로 달리는 데 필요한 기술, 즉 스스로 생각하고 답을 찾아가는 데 필요한 기술을 다섯 가지로 나누어 설명한다.

- 질문을 끌어내는 힘
- 분절하는 힘
- 요약하는 힘
- 논증하는 힘
- 이야기화하는 힘

이 다섯 가지 기술이 하나로 결합될 때 사고력이 향상되고 스스로 생각하고 답을 찾아가는 힘, 곧 혼자서 공부하는 사람을 위한 사고법의 기초가 완성된다.

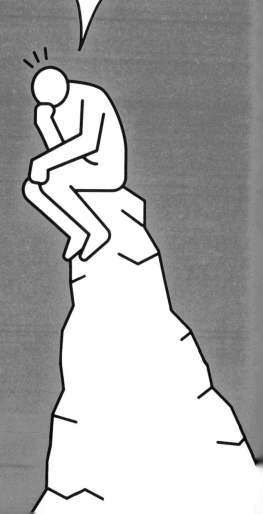

좋은 질문과 나쁜 질문

사고의 출발점은 재론의 여지 없이 질문을 끌어내는 것이다. 타자와 논의를 할 때나 독서를 할 때 '왜 ~일까', '본래 ○○란 무엇일까'라고 질문을 끌어내야 사고가 능동적으로 움직이기 시작한다.

질문에는 사고를 유발하는 힘이 있다. 따라서 스스로 생각하는 힘을 기르기 위해서는 논의나 독서가 한창일 때 '질문을 끌어내는 힘'을 익혀야 한다(타자뿐 아니라 자신에게도 질문을 던질 필요가 있다). 이때 갑자기 혼자서 생각하는 것이 아니라 반드시 신뢰할 만한 책을 읽거나, 자기보다 경험이 많은 사람에게 이야기를 들으며 생각하는 습관을 들이는 것이 중요하다. 자기 혼자만의 사고로는 사고의 폭에 한계가 있기 마련이기 때문이다.

그렇다고 뭐든 질문을 던지기만 하면 된다는 의미는 아니다. 세상에는 스스로 깨닫지 못한 차별 의식이 담긴 질문도 많다. 이를테면 '어째서 여성은 감정적인 사람이 많을까'라는 질문에는 여성에 대한 무의식적 편견이 담겨 있다. 이 질문은 사람을 '남성과 여성'으로 나누고, 여성에게 낮은 지위를 부여한다(남성은 논리적이고, 여성은 감정적이다).

'어째서 ○○인은 도둑이 많을까', '왜 ○○ 출신이면서 ××를 하지 않을까'라는 질문도 마찬가지다. 이런 질문은 얼핏 가벼운 의문으로 보이지만, 실제로는 타자에 대한 무거운 차별 의식이 담긴 폭력적인 물음이다. 이런 질문은 입 밖으로 내놓기 전에 수정하거나 철회해야 한다. 적절하지 못한 질문으로 상대에게 언어폭력을 행사할 수 있기 때문이다.

질문을 끌어내면 초기 단계에서 답이 나와 논의가 중단되는 질문도 있다. 예를 들어 '취미는 사람마다 다른 것인가'라고 질문하면 기본적으로 '사람마다 제각각이다'라는 답변밖에 나오지 않을 것이다. '왕따는 나쁜 것인가'라는 질문도 그렇게만 묻는다면 '왕따는 나쁘다'라는 당연한 답이 나와 논의가 멈추고 만다.

무의식적 편견이 드러난다

어째서 여성은
감정적인 사람이
많을까?

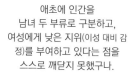
애초에 인간을
남녀 두 부류로 구분하고,
여성에게 낮은 지위(이성 대비 감
정)를 부여하고 있다는 점을
스스로 깨닫지 못했구나.

 논의가 중단되고 만다

왕따는 나쁜 것인가?

나쁜 것이라 생각한다.

여기에는 이를테면 '많은 사람이 좋아하는 취미와 그렇지 않은 취미 사이에는 어떤 차이가 있는가', '정말로 왕따라는 말을 계속 사용하는 것이 적절한가' 등 논의를 진전시키기 위한 추가 질문이 필요하다.

그러면 일상에서 생각을 하거나 책을 읽으며 사고할 때 실마리가 되는 질문이란 어떤 것일까? 이와 관련하여 사고의 출발점이 되는 아홉 가지 질문을 제시한다.

보편성을 둘러싼 질문
주장의 근거, 논리의 비약, 사물의 본질 찾기

사고의 출발점이 되는 첫 번째 질문 유형은 판단의 보편성을 둘러싼 질문이다. 보편성이란 간단히 말해 '언제나 어디서나 누구에게라도 적용되는 것'을 의미한다. 공적인 상황에서 공식적으로 어떤 주장을 할 때 '그 주장은 어디에나 두루 적용되는가'(보편적인가)라는 점은 중요한 문제다. 이런 이유로 사고의 보편성을 점검하는 질문이 필요하다.

판단의 보편성을 탐구하는 질문은 세 가지 유형이 있다.

❶ 그것은 정말 다른 모든 상황에 적용되는가?

사고의 출발점이 되는 아홉 가지 질문

판단의 보편성을 탐구하는 질문	판단의 구체성을 탐구하는 질문	판단의 전제가 되는 가치관을 탐구하는 질문
❶ 사례의 보편성을 묻는다	❹ 사례의 구체성을 묻는다	❼ 가치관의 차이를 묻는다
❷ 근거의 보편성을 묻는다	❺ 정의의 구체성을 묻는다	❽ 가치관의 중복을 묻는다
❸ 정의의 보편성을 묻는다	❻ 근거의 구체성을 묻는다	❾ 가치관의 교차를 묻는다

⬇

'어디서부터 생각을 시작해야 하는가'라는
사고의 출발점을 정한다

❷ 왜 그렇게 말할 수 있는가?

❸ 애초에 ○○란 무엇인가?

첫 번째는 '그것은 정말 다른 모든 상황에 적용되는가'라는 사례의 보편성을 둘러싼 질문이다. 모든 것에 두루 통하는 보편성을 갖춘 사고를 전개하려면 무엇보다 먼저 이 질문을 자기와 타자에게 던져보아야 한다. 이 질문은 우리의 사고를 수정하고 한정하는 힘이 있기 때문이다.

어설픈 의견을 낸다면 이 질문을 통과할 수 없다. "이건 많은 사람이 흔히 하는 말이다(보편적인 말이다)!"라고 주장하면 대개 그 말은 근거 없는 단언으로 전락할 수 있다. 어느 정도 강력한 근거가 뒷받침되지 않는 한, 모든 것에 적용되는 판단 따위는 존재하지 않기 때문이다. 하지만 '사람은 모두 죽는다'와 같은 지나치게 기본적인 의견도 적극적인 사고를 전개할 수 없다. 그것만으로는 논의가 발전하지 않기 때문이다.

보편성을 유지하면서 의미 있는 적극적인 사고를 전개하려면 자신의 의견을 적절하게 한정해야 한다. 이는 크게 어려운 이야기가 아니다. 예를 들어 '○○라는 슈퍼는 물건값이 싸다'라는 판단에 대해서는 '다른 지역에서도 마찬가지일까', '값이 비싼 요일도 있는 게 아닐까'라는 질문에 답하는

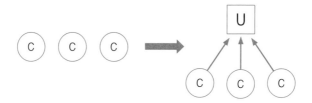

각각의 사소하고 구체적인
판단의 보편성을 끌어올린다

U: 보편성(universality)
C: 구체성(concreteness)

형태로 사고를 수정해야 한다(예를 들면 '○○라는 슈퍼는 △△와 □□라는 조건이 있을 때 물건값이 싸다'). 그 밖에도 '책을 읽으면 머리가 좋아진다'라는 주장에 대해서도 보편성을 유지하려면 마찬가지로 의견을 한정하는 조건을 추가해야 한다(예를 들면 '○○ 장르를 △△ 방식으로 읽으면 머리가 좋아질 수 있다', '책을 어떤 방식으로 읽든 머리가 좋아진다는 말은 아니다').

이런 사례의 보편성을 둘러싼 질문과 씨름하다 보면 사고의 누락을 막을 수 있다. 인간의 지성은 유한하므로 무언가를 생각할 때 아무래도 사고의 누락이 생기게 마련이다. 그러므로 평소 사고의 누락을 점검하고 차단하는 사고 습관을 길러야 한다.

두 번째는 '왜 그렇게 말할 수 있는가'라는 근거의 보편성을 둘러싼 질문이다. 이 질문은 주장하는 내용과 그 근거 사이 논리적 비약의 정도를 점검할 때 유효하다. 예를 들어 '아이는 기본적으로 엄마를 따르므로 육아는 엄마가 해야 한다'라는 주장을 보자. 이 주장에는 논리의 비약이 있다. 아이가 엄마를 따른다는 사실이 '육아는 엄마(여성)가 해야 한다'라는 주장으로 이어지는 근거가 될 수 없기 때문이다(당연히 남성도 육아를 해야 한다). '왜 그렇게 말할 수 있는가'라는 질문을 통하여 우리는 이런 논리의 비약이나 '육아는 여성의 몫이다'(남성은 하지 않아도 된다)라는 암묵적인 전제를 들추어낼 수 있다.

대개 '왜 그렇게 말할 수 있는가'라는 질문에 답하기란 쉽지 않다. 이 질문에 맞닥뜨리면 많은 사람이 "그야 그러니까"라고 같은 주장을 반복한다. 이런 답변 방식을 '동어 반복'(tautology)이라 한다. 동어 반복이란 어떤 정보도 더하지 않고 같은 내용을 표현만 달리하여 반복하는 것을 뜻한다(예를 들어 '여성이 육아를 해야 하므로 육아는 여성이 해야 한다'). 이는 적극적인 의미에서 사고하고 있다고 말할 수 없다. 동어 반복의 순환에서 벗어나려면 '왜 그렇게 말할 수 있는가'라고 질문함으로써 자신이 주장하는 내용을 비판적으로 곱씹어보아야 한다.

세 번째는 '애초에 ○○란 무엇인가'라는 정의의 보편성을 둘러싼 질문이다. 이 질문은 사물의 본질을 파악할 때 요긴하다. 예를 들어 "사회의 부정을 바로잡아야 한다"라고 말하는 사람이 있다고 하자. 이 주장 자체에는 아무 문제가 없다. 하지만 여기서 '부정'이라는 단어의 의미가 모호하면 그 주장은 어디까지나 형식적인 것에 머무르고 만다.

'부정이란 무엇인가'를 이해하기 위해서는 '본래 정의란 무엇일까'라는 질문부터 검토해야 한다. 예를 들어 '정의'란 모든 사람에게 공평한 기회를 주는 것일까? 그렇지 않고 평등한 결과를 주는 것일까? 혹은 다른 무언가가 '정의'라고 불리는 것일까? 이런 탐구 과정을 거치지 않는다면 '사회의 부정을 바로잡아야 한다'라는 주장은 공허한 외침에 그치고 만다. 사회의 부정을 바로잡아 무엇을 달성해야 하는지 아직 검토하지 않았기 때문이다.

'○○란 무엇인가'라는 질문은 확실히 추상적이고 어렵지만, 설득력 있는 논의를 전개하려면 개념이나 사물의 정의를 묻는 근본적인 질문을 올바르게 던져야 한다.

이와 같은 보편성을 둘러싼 세 가지 질문을 구사한다면 사고의 범위를 확장할 수 있다. 확장된 사고 범위가 수많은 사례에 적용되느냐 마느냐를 판단하는 과정에서 스스로 생각하는 힘이 서서히 단련된다.

구체성을 둘러싼 질문
상상하는 장면, 단어의 의미, 이해의 차이 밝히기

사고의 출발점이 되는 두 번째 질문 유형은 판단의 구체성을 둘러싼 질문이다. 어떤 화제에 대하여 심도 있게 이야기하려다 보면 아무래도 추상적인 말이 오가기 쉽다. 그렇다고 추상적인 말을 앵무새처럼 따라 하기만 한다면 그 말을 진정으로 이해했다고 할 수 없다. 중요한 것은 '추상적인 말을 들을 때 구체적인 장면을 명확하게 상상할 수 있는가'이다. 이런 이유로 사고의 구체성을 점검하는 질문이 필요하다.

판단의 구체성을 탐구하는 질문 역시 세 가지 유형이 있다.

❹ 그것은 예를 들어 어떤 상황을 상정하고 있는가?

❺ ○○라는 말은 무엇을 의미하는가?

❻ 무엇을 계기로 그렇게 생각하게 되었는가?

최근 몇 년 사이 '앞으로의 비즈니스에는 철학이 필요하다'라는 주장이 자주 거론되고 있다. 이 주장에 대하여 A라는 사람과 B라는 사람이 모두 공감할 때 서로 합의에 이르렀다고 생각할 수 있지만, 논의 자리에서 이것은 목표 지점이라기보다 출발 지점이라 할 수 있다. 이 주장은 아직 추상적

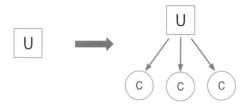

판단의 구체성을 탐구하는 질문

애매하고 보편적인 판단의
구체성을 끌어올린다

U: 보편성(universality)
C: 구체성(concreteness)

인 것에 머무르고 있기 때문이다.

이 주장에 대하여 '그것은 예를 들어 어떤 상황을 상정하고 있는가'라는 사례의 구체성을 둘러싼 질문을 던져 보자. 어쩌면 A는 '자신의 사상을 가진다'라는 상황을, B는 '옛 철학자의 사고방식을 빌린다'라는 상황을 염두에 두었을지도 모른다. 이때 A와 B는 서로 합의에 이르지 못했다는 사실이 분명하게 드러난다. 서로 전혀 다른 상황을 머릿속에 그리고 있는 것이다.

논의 자리에서 가장 두려운 것은 이런 겉치레식 합의다. 겉으로 드러난 글의 의미가 일치하더라도 글에서 연상되는 장면이 다르면 이후 논의 과정에서 의견 불일치가 잇달아 나타나기도 한다. 최악의 경우 팀이 공중 분해되고, 상당한 시간과 수고를 들인 기획이 결국 백지로 돌아갈 수 있다. 그런 일이 발생하기 전에 논의 첫 단계부터 '서로 어떤 것을 머릿속에 그리고 있는가'를 구체적으로 조율해야 한다. 그때 필요한 것이 사례의 구체성을 묻는 네 번째 질문이다.

'○○라는 말은 무엇을 의미하는가'라는 정의의 구체성을 둘러싼 질문도 각자의 주장을 구체화할 때 유효하다. 앞서 소개한 '앞으로의 비즈니스에는 철학이 필요하다'라는 주장을 예로 들면 여기서 '철학이란 단어는 무엇을 의미하는가'라고 상대에게 물어본다. 그러면 A는 '방향성이 있는 명확한 비전'이라고, B는 '옛 철학자의 학설'이라고 말할지도 모른다. 이렇게 단어의 의미를 어떻게 이해하고 있는지 밝히다 보면 서로 의견이 일치하지 않은 원인이 무엇인지 찾아낼 수 있다.

이해하고 있는 말의 의미가 어긋난 채 대화를 나누면 서로 조화되지 않는다는 어색함을 느끼면서 논의를 계속하게 된다. 말의 의미가 달라지면 애초에 논의가 성립하지 않을 수도 있다.

이런 의미에서 다섯 번째 질문은 네 번째 질문을 보완하는 질문이다. 먼저 네 번째 질문으로 겉으로 드러난 말은 일치하지만 정말 서로 상정하고 있는 상황까지 일치하는지 확인하고, 다섯 번째 질문으로 구체적으로 어떤 말의 의미를 서로 다르게 이해하고 있는지 알아보는 과정에서 의견이 일치하지 않는 원인을 밝혀낼 수 있다.

여섯 번째는 '무엇을 계기로 그렇게 생각하게 되었는가'라는 근거의 구체성을 둘러싼 질문이다. 다섯 번째 질문이 단어의 의미를 이해하는 데 서로 어긋나는 부분이 있는지 확인하는 물음이라면, 여섯 번째 질문은 왜 그런 이해의 차이가 생기는지 서로 검토하는 물음이다.

우리의 사고는 대부분 이제까지의 경험으로 규정된다. 어떤 경력을 거쳤는지에 따라 특정한 말에 서로 전혀 다른 의미를 부여하는 일이 종종 있다. '앞으로의 비즈니스에는 철학이 필요하다'라는 주장을 예로 든다면 이를테면 '철학'이라는 말도 그렇다. '철학'이라는 말을 어렵게 여기는 사람이 많은 까닭은 (아마도) 지금까지 철학 이야기를 들어도 무슨 의미인지 전혀 알 수 없었기 때문이다. 그 밖에도 예를 들어 대학에서 패기라고는 찾아볼 수 없는 교수가 자신의 전공 분야를 담담히 해설하기만 하는 수업을 필수 과목으로 수강했던 사람도 '철학'이라는 말에 부정적인 인상을 갖고 있을 것이다.

그런 사람과 대화를 나누게 된다면 '철학'이라는 학문에는 다른 측면도 있다는 사실을 알려야 한다. 그 사람이 겪어볼 수 없었던 경험이 존재한다는 사실을 구체적인 에피소드와 함께 공유해야 한다. 이를 통하여 '그런 경험을 했다면 나도 같은 주장을 했을 수 있다'라는 상호 이해와 공감의 여지를 마련할 수 있다. 이런 이해와 공감이 사고의 폭을 넓혀준다.

가치관을 둘러싼 질문
공감의 이유, 공존의 길 모색하기

첫 번째에서 세 번째 질문은 '판단의 보편성'을, 네 번째에서 여섯 번째 질문은 '판단의 구체성'을 둘러싼 물음이었다. 나머지 일곱 번째에서 아홉 번째 질문은 '판단의 전제가 되는 가치관'을 둘러싼 물음이다.

판단의 전제가 되는 가치관을 탐구하는 질문도 세 가지 유형이 있다.

❼ 왜 상대의 주장에 공감할 수 없는가?
❽ 왜 상대의 주장에 공감할 수 있는가?
❾ 상대의 주장과 자신의 주장 사이에 공존 가능성이 있는가?

우리는 종종 '이해할 수는 있지만 납득할 수는 없다', '논

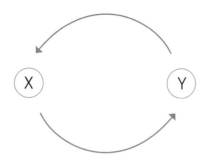

판단의 전제가 되는 가치관을 탐구하는 질문

두 가지 판단 사이 관계성을 생각한다

리는 알겠지만 공감할 수는 없다'라고 생각하곤 한다. 인간의 머리가 논리로만 움직이는 것은 아니다. 이성 수준에서는 상대가 주장하는 바의 타당성을 이해할 수 있지만, 감정 수준에서는 상대의 주장을 납득할 수 없을 때 '가치관'이 우리의 마음을 규정할 가능성이 있다.

가치관이란 우리가 세상을 바라보는 관점, 느끼는 방식을 규정하는 판단 기준의 모음과 같다('세계관', '인생관', '인간관' 등도 여기에 포함된다). 이런 가치관을 곱씹고 점검하지 못하면 우리의 사고는 감정의 파도에 휩쓸리고 만다. 스스로 생각하는 힘을 기르려면 감정의 소음 속에서도 흔들리지 않는 판단력을 갖추어야 한다.

이런 이유로 판단의 전제가 되는 가치관을 탐구하는 세 가지 질문이 필요하다. 일곱 번째와 여덟 번째 질문은 상대의 주장에 공감할 수 있거나 없을 때 그 이유를 묻는 것이다. 물론 상대 주장이 (보편성 혹은 구체성의 관점에서 볼 때) 타당성이 낮다는 이유로 공감할 수 없다면 이 질문을 던질 필요는 없다. 문제는 일곱 번째 '상대의 주장이 이치에 맞지만 공감할 수 없을 때'와 여덟 번째 '상내의 주상이 이치에 맞지 않지만 공감할 수 있을 때'의 두 가지 경우다.

일곱 번째 질문은 상대의 주장을 감정적으로 부정한다. 이치에 맞는 상대의 주장에 동의하지 못할 경우에는 '왜 상대의 주장에 공감할 수 없는가'라고 자문함으로써 자신의 가치관(예를 들어 '나이가 많은 내가 현명할 것이다', '○○인보다 △△인이 우수할 것이다' 등)과 거리를 두어야 한다. 그런 의미에서 일곱 번째 질문은 '가치관의 차이를 둘러싼 질문'이라 할 수 있다. 자신의 가치관이 한쪽으로 치우쳤다는 점이 분명해졌다면 상대의 주장을 인정하고 자기 생각을 바꾸고 보완해야 한다. 기존의 가치관에서 벗어나는 일은 스스로 생각하는 힘을 기르는 데 반드시 필요한 과정이다.

여덟 번째 질문은 상대의 주장에서 자신의 가치관과 부합하는 내용만을 받아들인다. 이는 상대의 주장을 비판 없이 수용하는 상태다. 바꾸어 말하면 자기 귀에 익은 이야기만을 취하는 것이므로 이럴 때는 '왜 상대의 주장에 공감할 수 있는가'라고 자문함으로써 자신의 가치관을 재고해야 한다.

가치관은 종종 사람들을 다른 가능성 자체를 생각하지 못하는 좁은 시야로 내몬다. 그런 의미에서 여덟 번째 질문은 '가치관의 중복을 둘러싼 물음'이다. 일상생활에서는 일곱 번째 질문 상황에 맞닥뜨릴 확률이 가장 높지만, 여덟 번째 질문도 종종 마주치는 데다 자각하기 어려운 상황이라는 점에 주의해야 한다.

마지막으로 아홉 번째는 '상대의 주장과 자신의 주장 사이에 공존 가능성이 있는가'라는 질문이다. 대개 서로 다른 가치관은 그것을 제시하는 방식만 주의한다면 공존할 수 있다. 사후 세계에 대한 견해가 전형적인 예다.

A가 "사람은 사후에 천국으로 간다"라고 말하고, B가 "사람은 죽으면 무로 돌아간다"라고 말한다면 확실히 두 사람의 주장은 서로 배제한다. 사람은 사후 세계를 확인할 수 없으므로 우리는 두 주장의 타당성을 검토할 수 없다. 그러나 좀 전에 제기한 주장의 끝에 "~라고 나는 믿는다"라고 덧붙인다면 그 주장을 '사실'에서 '신념'으로 끌어올릴 수 있다. 신념 수준에서 가치관이 표명된다면 그 주장은 서로 배제하지 않는다. (반대로 '실제로는 이렇다'라는 방식으로 사실 수준에서 신념이 표명된다면 그 주장은 서로의 가치관을 배제하는 것으로 이어진다.)

어느 한쪽의 가치관이 협소한 것이 아니고 특정 타자에게 폭력을 행사하지 않는 가치관이라면 그것은 신념 수준에서 펼치는 주장임을 명시함으로써 공존의 길을 모색할 수 있다. 그런 의미에서 아홉 번째 질문은 '가치관의 교차를 둘러싼 물음'이다.

달릴 준비 마치기

앞서 인트로에서 '생각하기'를 '달리기'에 비유했는데, 질문을 끌어내는 것은 어디서 달리기 시작하는가, 즉 달리기의 출발점을 정하는 일이다. 달리기를 시작하는 출발점을 착각한다면 목적지에 다다를 수 없다.

이번 장에서 설명한 사고를 전개할 때 이정표가 되는 아홉 가지 질문은 어디까지나 질문의 유형일 뿐이며, 이를 참고하여 자신만의 독자적인 질문 유형을 고안해보기를 바란다. 이 때 타자에 대한 차별 의식이나 폭력을 포함하는 부적절한 질문을 제기하지 않도록 주의한다.

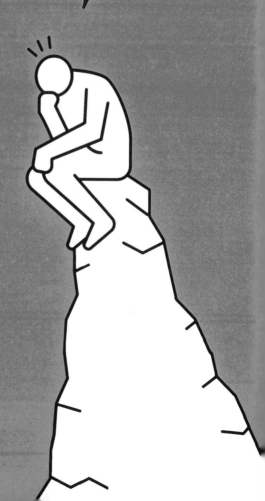

2장
~
분절하는 힘
정보의 질 가려내기

세 가지 논리의 기술

1장에서 설명한 '질문을 끌어내는 힘'이 달리기의 출발점을 정하는 데 필요한 기술이라면 이제부터 설명할 '분절하는 힘'과 3장에서 다루는 '요약하는 힘', 4장에서 다루는 '논증하는 힘'은 출발점에서 실제로 달려 나가는 데 필요한 기술이다. 출발점을 정한 뒤 실제로 달려 나가는 것은 문제를 제기한 뒤, 거기서부터 논리적 사고(logical thinking)를 전개하는 행위를 뜻한다. 논리적 사고를 전개하기 위해서는 적어도 '분절하는 힘'(분절력), '요약하는 힘'(요약력), '논증하는 힘'(논증력)의 세 가지 힘을 갖추어야 한다.

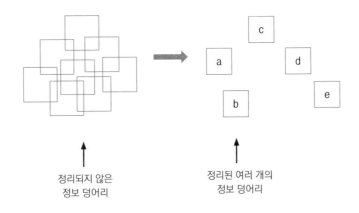

정리되지 않은
정보 덩어리

정리된 여러 개의
정보 덩어리

사고를 전개하는 데 필요한 부품을 수집하고 정리하여(분절력), 그 부품으로 로직(logic)을 재구성하고(요약력), 그 로직을 짜 맞추어 논거를 만든다(논증력). 이것이 논리적 사고 과정이다. 스스로 생각하는 힘에는 질문을 끌어내는 능력뿐 아니라 자기 사고를 논증해나가는 능력도 요구된다. 이 책에서는 '로직'이라는 말로 'A, 따라서 B', 'A, 그러나 B'와 같은 개별적인 논증 부분을 나타내기로 한다. 이런 개개의 로직이 유기적으로 결합하여 만들어지는 것이 바로 논거다.

논증은 레고 블록을 예로 들어 설명할 수 있다. 레고 블록으로 로직의 건축물(주장)을 조립하려면 먼저 다양한 재료가

요약하는 힘

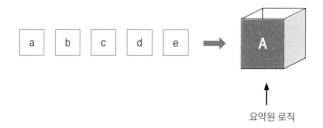

요약된 로직

쌓여 있는 산속에서 건축물을 세우는 데 필요한 블록을 모아야 한다. 형태가 고르지 않거나 적절치 않은 블록을 모으면 건축물의 조립은 첫 단계에서 실패하고 만다. 이때 모이는 것이 '정보 덩어리'(chunk, 청크)이고, 그중 '무엇이 중요한 정보 덩어리인가'를 가려내는 능력이 분절력이다.

레고 블록을 모은 다음에는 그 블록들을 조립하여 작은 방을 만들어야 한다. 방뿐 아니라 현관, 거실, 욕실 등 각각의 기능을 하는 공간을 하나씩 만들어나간다. 이렇게 만들어진, 어느 정도 정리된 기능적인 공간이 '로직'이다. '군더더기 없는 로직을 구현할 수 있는가'를 가려내는 능력이 요약력이다. 이때 외부에서 모은 정보를 요약하는 작업뿐 아니라 자신의 사고를 요약하는 작업도 중요하다.

작은 방을 만든 다음에는 그 방들을 조합하여 마침내 하나

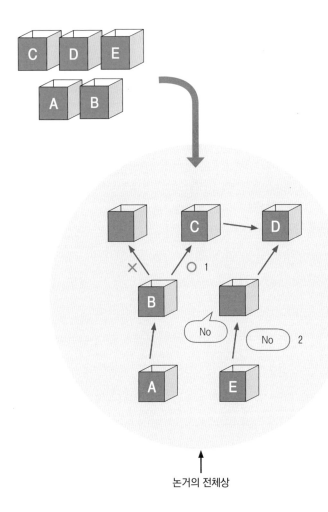

논거의 전체상

1 논거의 분기점
2 상정된 반론에 대하여 제기된 반론

의 건축물을 완성한다. 물론 욕실밖에 없는 집이나, 현관에서 거실까지 거리가 100미터나 되는 집에서 살고 싶은 사람은 없다. 이런 일을 피하려면 균형 잡힌 건축물을 만들어야 한다. 독창적인 '구조'를 구상해야 하는 것이다. 이렇게 만들어진, 전체적으로 조화를 이루는 하나의 건축물이 '논거'다. '누락 없는 추론 과정에 따라 논거를 구성할 수 있는가'를 가려내는 능력이 논증력이다.

　중요한 정보 덩어리를 분절하고, 기능적인 로직을 요약하여, 조화를 이루는 논거로 논증한다. 세 가지 과정 중 어느 하나라도 빠지면 논증은 균형을 잃고 만다. 바꾸어 말해 이 과정을 균형 있게 꾸준히 훈련한다면 누구나 스스로 생각하는 힘을 기를 수 있다.

정보 덩어리 정리하기
무엇이 중요한 정보인가

　논리적 사고를 전개하려면 무엇부터 시작해야 할까? 의외로 답은 '스스로 생각한다'가 아니다. 아무런 준비 없이 갑작스럽게 자기 생각만으로 달리기 시작하면 독단적이고 독선적인 사고에 빠질 뿐이다.

논증을 할 때 가장 먼저 해야 할 일은 타자의 이야기에 귀 기울이는 것이다. 논증 과정의 첫 단계에서는 '지금 세상에는 어떤 이야기가 오가는가'라는 정보(데이터)를 수집해야 한다. 논증이라는 행위는 '당신 의견의 근거는 무엇인가'라는 질문에 빠짐없이 답하는 것이다. 여기서 제시하는 의견의 근거는 자신이 제멋대로 만들어낼 수 없다. 누군가가 그 근거를 묻는다면 "이 분야 권위 있는 연구사가 삭년 이런 논문을 발표해서~"라든가 "1990년대에 수집된 이 데이터에 의하면~"라는 식으로 이미 사회적으로 축적된 신뢰할 만한 정보를 제시해야 한다.

이는 다양한 정보를 총망라해서 수집하고, 그것을 모두 근거로 제시하면 끝나는 것이 아니다. 더 단순하게 말한다면 정보는 매사 중요한 정보와 그렇지 않은 정보의 두 가지로 나누어진다. 이 중 '무엇이 중요한 정보인가'를 가려내야 한다. 지금 인터넷에는 불확실한 정보가 넘쳐나고 있다. 무분별하게 정보를 퍼뜨리는 블로그나 소셜미디어 글들은 그중에서도 단연 으뜸이다. 다종다양한 정보가 넘쳐나는 가운데 정보의 질과 중요성을 가려내고 단락에 맞추어 나누는 힘이 바로 앞으로 우리가 단련해야 하는 분절력이다.

문제는 '어떻게 하면 (정보의 질과 중요성을 가려내기 위한) 분절력을 단련할 수 있는가'이다. 한 가지 효과적인 방법은 교양서를 사고의 훈련장으로 활용하는 것이다. 나는 교양서야말로 분절력을 단련할 수 있는 최고의 훈련장이라 생각한다. 왜 책이냐면 현실의 인간과 달리 책은 언제까지나 우리의 훈련을 함께해주기 때문이다. 교양서는 실제로 논거를 구성하는 가장 좋은 본보기를 제공한다(단편적인 구두 대화로는 부족하다). 음성 언어와 달리 문자 언어로 이루어진 책은 종이에 인쇄되어 있으므로 내용을 단숨에 훑어볼 수 있다(동영상을 보거나 소리로 들을 때는 이것이 불가능하다). 이런 이유로 분절력을 갈고닦을 때 교양서는 최고의 코치가 될 수 있다.

이제부터 교양서를 활용하여 분절력을 단련하는 방법을 설명한다. 당신도 다른 책을 한 권 마련해놓고 여기서 소개하는 훈련법을 실제로 활용해보기를 바란다. 쇼펜하우어의 『문장론』 같은 철학자가 쓴 쉬운 에세이나 에드워드 카(Edward Carr)의 『역사란 무엇인가』 같은 역사학자가 쓴 교양서를 활용하면 좋다. 수준이 높은 문장을 읽어야 훈련 효과도 향상된다.

대개 책 내용을 분절하는 목적은 세 가지를 꼽을 수 있다.

- 정보를 하나로 정리한다
- 정보의 관계성을 따져본다
- 이해되지 않는 부분을 밝혀낸다

첫 번째 목적은 '정보를 하나로 정리하는 것'이다. 책을 읽다 보면 같은 말을 반복하거나, 한 가지 사실에 관한 사례를 장황하게 늘어놓을 때가 있다. 그런 부분은 저자가 특히 신경 쓰는 점이 반영되었겠지만, '분절'의 관점에서 볼 때 하나(구체적으로 한 문장)로 정리해도 된다. 성질이 같은 정보는 하나로 정리하는 것이 분절의 첫 번째 목적이다.

두 번째 목적은 '정보의 관계성을 따져보는 것'이다. 무언가를 논증하는 책은 대개 'A와 B라는 두 개가 있는데, A(혹은 B) 쪽이 뛰어나다'라는 주장의 형식을 취한다. 개중에는 복수의 선택지를 제시한 뒤 '이 중 ○번째 것이 가장 좋다. 왜냐하면~'이라고 논하는 책도 있다. 어느 방향이든 무언가를 논증하는 책은 선택지 중 뛰어난 것에 '우수'라는 가치를 확실히 매긴다. 저자가 중시하는 관점과 그 근거가 되는 주장을 찾는 것이 분절의 두 번째 목적이다.

세 번째 목적은 '이해되지 않는 부분을 밝혀내는 것'이다. 정보를 수집하다 보면 도저히 이해할 수 없는 부분에 맞닥뜨리게 된다. 이해를 가로막는 것은 대개 잘 모르는 단어와 표현, 흐름이 이상한 접속사다. 내용이 너무 추상적이어서 무슨 말을 하고 싶은 건지 알 수 없는 부분도 있고, 반대로 너무 구체적이어서 무슨 말을 하고 싶은 건지 알 수 없는 부분도 있다.

중요한 것은 자신이 어느 대목에 걸려 이해하지 못하는지 구체적으로 밝혀내는 일이다. 바꾸어 말해 이해할 수 없는 부분을 찾아낼 수 있다면 그것을 이해하는 데 필요한 정보를 효율적으로 수집할 수 있다(말하자면 무슨 말을 하고 싶은 건지 알 수 없는 상황을 피해야 한다). 이해할 수 없는 부분이 무엇인지 밝혀내는 것이 분절의 세 번째 목적이다.

분절을 할 때는 이 세 가지 목적을 기억해야 한다. 단순히 나누기만 하면 되는 것이 아니라 의미 있는 방식으로 나누어야 한다. 그러면 책 내용을 구체적으로 어떻게 분절할 수 있을까?

형태로 분절하기
주제와 연관된 키워드 뽑기

도형으로 표시하기

지나치게 사소하다고 생각할지도 모르지만, 교양서를 이용하여 분절력을 갈고닦을 때 가장 먼저 권하고 싶은 방법은 중요한 단어나 어구를 네모나 원으로 표시하는 것이다. '그렇게 해서 정말 효과가 있을까'라고 의구심을 품는 사람도 있겠지만, 의외로 제법 효과가 있다. 중요한 단어나 어구를 네모나 원으로 표시하면 정보 덩어리를 정리할 수 있다. 예를 들어 쇼펜하우어의 『문장론』에 나오는 다음 구절을 보자.

독서는 말하자면 자기 머리가 아니라 남의 머리로 생각하는 것이다. 끊임없이 독서를 계속하다 보면 어김없이 타인의 사상이 내 머릿속으로 흘러든다. 그러나 약간의 빈틈도 없을 만큼 완벽한 체계까지는 아니더라도 늘 자기 나름대로 사상을 정리하고자 하는 사색에 이만큼 해로운 것도 없다.

이 구절에서 중요한 단어와 어구는 무엇일까? 여러 가지 시각이 있겠지만, 예를 들어 이 구절은 다음과 같이 내용을 분절할 수 있다.

독서는 말하자면 자기 머리가 아니라 남의 머리로 생각하는 것이다. 끊임없이 독서를 계속하다 보면 어김없이 타인의 사상이 내 머릿속으로 흘러든다. 그러나 <약간의 빈틈도 없을 만큼 완벽한 체계까지는 아니더라도> 늘 자기 나름대로 사상을 정리하고자 하는 사색에 이만큼 해로운 것도 없다.

어떤가? 키워드가 되는 단어와 어구를 네모나 홑화살괄호로 묶어주기만 해도 정보 덩어리가 깔끔하게 정리된다. 책을 읽으면서 정보 덩어리를 정리하면 세 가지 효과를 기대할 수 있다.

- 핵심을 한눈에 파악할 수 있다(보기 쉽다)
- 기억해야 할 부분을 취사선택할 수 있다(기억하기 쉽다)
- 다시 읽을 때 그 부분을 쉽게 찾을 수 있다(찾기 쉽다)

정보 덩어리를 정리하는 작업이 성가실지도 모르지만, 단순히 글자를 눈으로 좇기만 하는 독서보다 훨씬 높은 이해력과 기억력을 얻을 수 있다. '무엇이 중요한가'를 의식하면서 문장을 읽어나가면 사고력의 기반이 되는 분절력을 기를 수 있다.

앞의 예에서는 네모와 홑화살괄호를 사용했지만, 복잡한 문장을 읽다 보면 단어나 어구를 감싸는 더 다양한 방식이 필요할 때가 있다. 예를 들어 중요하다고 생각한 단어보다 더 중요한 단어가 등장할 때, 중요성 정도를 구분하기 위하여 대안으로 이중 네모로 표시하는 방법도 고려해볼 수 있다. 반대로 그다지 중요하지 않지만 구분해두고 싶은 단어는 타원으로 표시할 수 있다. 어떻게든 중요한 단어나 어구에 표시하여 정보 덩어리를 정리하면 보기 쉽고, 기억하기 쉬우며, 찾기 쉽다.

이 작업을 할 때는 세심한 주의를 기울여야 한다. 선을 모호하게 표시하면 나중에 읽을 때 '이 부분은 그다지 중요하지 않구나' 하고 오판하여 정독을 하고 싶은 마음이 줄어들고, 결정적으로 읽기 어려워진다. 중요한 단어나 어구를 도형으로 표시하는 것은 사소하지만 중요한 일이다.

방점 찍기

방점이란 읽는 사람의 주의를 끌기 위하여 글자 위(가로쓰기일 때)나 옆(세로쓰기일 때)에 찍는 점을 가리킨다. 방점을 찍으면 도형으로 표시하기와 다르게 강조점을 두어 더 입체적으로 문장의 '억양'을 분절할 수 있다. 두 가지 방법을 모두 적용하면 다음과 같이 정보 덩어리를 나눌 수 있다.

『옥스퍼드 중사전』은 편리한 대신 경험주의 학파의 선전서 역할을 하는 책인데, 사실이란 '추론과는 전혀 다른 경험의 자료'라고 정의함으로써 두 과정이 서로 별개의 것임을 분명히 하고 있다. 이는 상식적인 역사관이라고 부를 만한 것이다. 역사란 확인된 사실의 집대성으로 이루어진다는 이야기가 된다.

카의 『역사란 무엇인가』에 나오는 이 구절은 객관적인 '사실'과 주관적인 '추론'이 전혀 별개의 것이고, 전자만으로 구성된 것이 '역사'라는 입장(상식적인 역사관)에 대하여 논하고 있다.

실제로 책 속에 적어보면 방점 찍기가 도형으로 표시하기보다 더 확실하게 강조를 나타낼 수 있다. 책장을 훌훌 넘기다가도 방점이 찍힌 부분은 금세 찾아낼 수 있다. 그만큼 효과가 강력한 방법인 방점을 앞의 인용문에서는 "확인된 사실의 집대성으로 이루어진다"라는 부분에 찍었다. 저자가 논쟁의 대상으로 삼는 '상식적인 역사관'의 핵심 메시지가 그 부분에 있기 때문이다. 이런 방법으로 정보 덩어리를 나누다 보면 중요한 정보가 한눈에 들어오기 때문에 이해하거나 기억하기 쉽다.

밑줄 긋기

어떤 저작이든 저자는 일종의 '정해진 대사' 같은 표현을 넣는 법이다. 그것은 단락의 요약일 때도 있고, 멋들어진 표현을 이용한 비유일 때도 있다. 이런 책의 메시지를 상징하는 문장을 발견할 때는 그 문장 전체에 밑줄을 긋는다.

다만 앞서 설명한 두 가지 방법과 비교하여 밑줄 긋기는 다소 효과가 떨어지는 방법이므로 너무 많이 긋지 않도록 자제할 필요가 있다. 밑줄을 너무 많이 그으면 페이지별 정보

량이 늘어나 책을 다시 읽을 때 몹시 힘들기 때문이다. 밑줄은 한 페이지에 두 문장 정도가 적당한데, 반드시 문장 전체에 그어야 하는 것은 아니다. 이를테면 다음과 같이 표시할수 있다.

흔히 사실은 스스로 말한다고 이야기한다. 물론 그것은 거짓말이다. <u>사실이란 역사가가 사실에 말을 걸 때만 말하는</u> 법이다.

역시 『역사란 무엇인가』에 나오는 이 문장은 '사실이란 역사가가 말을 걸 때만 말한다'라는 구절이 핵심이므로 그 부분에 밑줄을 긋는다. 이렇게 정리해두면 다음에 이 페이지를읽을 때는 이 부분만 보고도 곧바로 핵심 메시지를 떠올릴수 있을 것이다.

거듭 강조하거니와 밑줄을 너무 많이 긋지 않도록 주의해야 한다. 만약 중요한 문장이 한 페이지에 여러 번 나온다면그중 어떤 문장이 가장 중요한 서술인지를 엄선하여 밑줄을긋는다. 이렇게 한 문장 한 문장 세심하게 의식하며 책을 읽어나가는 것이 분절력을 키우는 비결이자 논리적인 사고력을 기르는 가장 손쉬운 방법이다.

색으로 분절하기
긍정적 주장, 부정적 주장 찾기

도형으로 표시하기, 방점 찍기, 밑줄 긋기가 정보 덩어리를 '형태'로 분절하는 방법이었다면 다음은 '색'으로 분절하는 방법이다. 저자의 주장을 긍정적인 것과 부정적인 것으로 나누어 각기 다른 색으로 표시한다. 이렇게 말하면 '뭐야, 색만 구분하면 되는 거잖아'라고 생각할지도 모르지만, 이 방법이 형태로 분절하기보다 훨씬 더 어렵다. 색으로 분절하는 방법은 저자의 주장을 정확히 이해해야 사용할 수 있기 때문이다.

나는 주로 다음과 같은 방법으로 색에 의미를 부여하여 저자의 주장을 정보 덩어리로 나눈다.

- 빨간색 = 저자가 긍정적이고 적극적으로 파악하는 부분
- 파란색 = 저자가 부정적이고 소극적으로 파악하는 부분
- 초록색 = 순수하게 지식으로서 공부가 되는 부분

가장 먼저 저자가 긍정적으로 파악하는 부분을 빨간색으로 표시하는데, 단어라면 형광펜을 칠하고 문장이라면 펜으로 밑줄을 긋는다. 다만 빨간색 밑줄을 잔뜩 그어놓으면 책

을 읽는 데 방해될 수 있으므로 단어를 형광펜으로 칠하거나 펜으로 네모나 괄호를 치는 정도에 그친다. 빨간색 형광펜을 칠하거나 밑줄을 그은 부분보다 더 중요한 주장은 노란색 형광펜으로 표시한다.

책의 메시지를 이해할 때 '저자가 중시하는 것'을 구분하는 작업은 매우 중요하다. 저자의 주장을 이해하면서 그가 논쟁의 대상으로 보는 관점이나 경시하는 견해도 알게 되기 때문이다. 저자가 부정적으로 파악하는 부분에는 파란색 형광펜을 사용하여 뚜렷하게 표시한다.

고작 두 가지 색으로 구분하기만 해도 저자의 주장을 운율적인 특성을 살려 분절할 수 있다. 앞서 설명한 세 가지 형태로 분절하는 방법에 색으로 구분하기를 추가하면 다음과 같이 다채롭게 정보 덩어리를 나눌 수 있다. (쇼펜하우어의『문장론』에 나오는 구절이며, 인쇄 사정상 색을 흑백으로 나타내는 점은 양해해주기를 바란다.)

【우리 차신의 정신 속에 싹튼 사상[노란색]】은 말하자면 【한창때의 봄꽃[노란색]】이고, 그것과 비교하면 【타인의 책에서 읽어들인 사상[파란색]】은 【바위에 흔적을 남긴 태고의 꽃[파란색]】과 같다.

이런 방법으로 저자의 주장을 분절하다 보면 '이 문장에서 무엇이 중요한가'라는 점을 곧바로 파악할 수 있다. 시각적 효과도 커서 예를 들어 노란색 형광펜을 칠한 데다 네모로 표시한 '한창때의 봄꽃'이라는 구절은 '스스로 생각한 사상'을 의미하는 중요 표현으로 기억에 남는다. 만약 잊어버렸다고 해도 이 페이지를 다시 보면 '무엇이 중요하고 무엇이 중요하지 않은가'를 곧바로 떠올릴 수 있다.

때로 저자가 주장하는 바와 관계없이 순수하게 '지식'으로서 기억해두면 좋은 정보가 등장하기도 한다. 그런 정보에 맞닥뜨릴 때면 나는 초록색으로 형광펜을 칠하거나 밑줄을 긋는다. 저자의 주장을 분절할 때 본질적이지 않은 정보이지만 '교양으로 알아두면 좋은 지식'이라는 것도 존재한다. 그런 표현에 초록색으로 표시해두면 교양서를 참고서로 활용할 수도 있다.

이런 기능을 추가하면 다음과 같이 분절할 수 있다.

【프로이트[초록색]】가 한 일은 【인간 행동의 무의식적 근거[초록색]】를 폭로함으로써 의식과 합리적 탐구에 대한 우리의 지식과 이해의 폭을 넓혔다는 점이다. 이는 【이성 영역의 확장[노란색]】이며 인간이 자신을, 그리하여 자신의 환경을 이해하고 통제하는 힘을 증대하는 일이다. 그리고 【혁명적이고 진

보적인 사업[노란색]]을 의미한다.

역시 카의 『역사란 무엇인가』에 나오는 구절이다. 초록색 형광펜을 칠한 부분은 정신분석의 창시자 지크문트 프로이트(Sigmund Freud)의 이름과 그가 탐구한 연구 영역의 두 가지다. 이는 저자의 주장에서 핵심이 되는 부분이 아니라 그 주상을 뒷받침해주는 구체적인 사례의 하나일 뿐이지만, 프로이트는 교양으로 알아두면 좋은 존재이기 때문에 표시한 것이다(앞 문장에서 저자의 핵심 주장은 노란색으로 칠한 부분이다).

색으로 구분하는 방법을 활용하면 '주장의 골자를 이해하고 싶을 때는 노란색 형광펜을 따라간다', '순수하게 지식이 되는 부분을 복습하고 싶을 때는 초록색 형광펜을 더듬어간다'라는 식으로 유연한 독서법을 실천할 수 있다. 아무것도 표시하지 않은 독서법과 비교하여 압도적으로 많은 시간과 수고를 아끼며 책을 읽을 수 있다.

여기서 소개한 것은 어디까지나 색으로 구분하는 분절하기의 한 가지 사례일 뿐이다. 실제로 이 방법을 실천할 때는 자기만의 색 구분 규칙을 만들어 다양하게 적용해보기를 바란다. 여러 가지 색으로 정성껏 구분하는 동안 로직의 부품을 가려내는 분절력이 향상될 것이다.

부분과 전체의 순환
단어의 의미, 문장의 의미 서로 잇기

색으로 분절하는 방법을 접하고 다음과 같은 생각을 하는 사람도 있을 것이다. '만약 저자의 주장을 잘못 이해하여 엉뚱한 데 색을 칠해버렸을 때는 어떻게 해야 할까?' '그런 위험을 고려한다면 색으로 구분하면서 읽는 건 그만두는 편이 낫지 않을까?' '색을 바꾸고 싶을 때는 어떻게 해야 할까?' 처음 읽을 때 저자가 '긍정하는 주장'이라 생각했던 부분이 다시 읽을 때 '부정하는 주장'으로 밝혀지는 상황이 발생할 수도 있다. 파란색을 칠했어야 할 부분에 빨간색을 칠하는 돌이킬 수 없는 실수를 저지른 셈인데, 이런 문제에는 어떻게 대처해야 할까?

나는 실패 위험이 따르더라도 색으로 구분하면서 독서를 해야 한다고 생각한다. 색으로 구분하며 책을 읽는 다채로운 독서는 아무것도 표시하지 않은 새하얀 독서와 비교하여 독서에 따르는 긴장감이 다르기 때문이다. 색으로 구분하며 책을 읽는다는 것은 '이 논의에서 저자가 중시하는 관점은 무엇일까', '이 서술은 저자에게 긍정적인 의견일까, 부정적인 의견일까'라고 질문을 던지면서 신중하게 독서를 한다는 뜻이다. 이와 같이 신중한 자세로 접근하며 책을 읽을 때 비판적인 정독이 가능하다.

그렇다고 처음부터 색으로 구분하며 책을 읽어야 한다는 의미는 아니다. 이제 막 책을 읽기 시작한 때에는 색을 구분하지 않고 연필로 단어나 어구를 한 덩어리씩 묶는 정도에 만족해야 한다. 그러면 어느 시점부터 색으로 구분하며 책을 읽어야 할까?

이 실문과 관련하여 참고할 만한 철학의 사고방식으로 '해석학적 순환'이라는 것이 있다. 우리는 어떤 문장을 해석할 때 사소한 단어의 의미를 이해하지 못하면 문장 전체의 의미를 파악하지 못한다. 저자가 말하고 싶은 전체 이야기를 파악하지 못하면 사소한 단어의 뉘앙스를 잘못 받아들이기 쉽다. 이런 일을 막으려면 글을 읽을 때 문장의 '부분'과 '전체'를 순환적으로 이해하는 습관을 길러야 한다. 이를 '해석학적 순환'이라 한다.

해석학적 순환이라는 사고방식을 받아들이면 대체로 저자의 주장이 일단락된 곳을 '부분'으로 보고 색으로 구분해야 한다는 지표를 얻을 수 있다(물론 이상적으로 책을 다 읽고 나서 분절을 해야 한다는 의견도 있겠지만, 이는 너무 비현실적인 생각이다). '어느 시점에서 저자의 주장이 일단락되는가'를 살펴보면 저자가 패러그래프 라이팅(paragraph writing, 하나의 화제에 대하여 쓰인 단락을 조합하여 논리를 전개하는 문장 기법-옮긴이)을 했다면 대개 단락이 끝날 때 저자의 주장이 일 단락된다. 그래도 불안하다면 그 '절'이 끝나는 시점에서 전체적으로 되짚어보며 색으로 구분하면 된다.

책이 너무 비싸고 귀해 차마 필기하기 곤란하다는 사람도 있을 것이다. 그런 경우라면 스캔이나 복사 등 책에 직접 적어넣지 않아도 되는 방법을 찾아보는 것이 바람직하다. 하지만 피치 못할 사정이 없다면 역시 책에 직접 써 버릇해야 한다. 책을 늘 새것 같은 상태로 보존하는 사람도 많은데, '사고력 훈련'이라는 관점에서 볼 때 독서법으로서는 매우 안타까운 태도다.

단순히 문장을 눈으로 좇기만 하면 3주 후에는 책의 내용을 대부분 잊고 만다. 인간의 기억력은 상상 이상으로 취약하다. 마지막에 남는 것은 '좋았다', '어려웠다'라는 감상(감각)뿐이다. 내용을 떠올리려면 처음부터 책을 다시 읽어야 한다. 당연히 '어라? 그 문장이 어디에 적혀 있었더라' 하며 그 대목을 찾는 데 시간을 허비하게 된다. 설령 그 문장을 찾아냈다 하더라도 대개 전후 문맥을 이해하지 못하면 문장의 진의를 온전히 파악할 수 없다. 결국 주변 문장을 처음부터 다시 읽어야 하는데, 이는 처음 읽는 상태나 다름없다. 이런 비생산적 독서를 피하기 위해서라도 분절하면서 책을 읽는 버릇을 길러야 한다.

메모로 분절하기
막힌 문장, 동의 표현, 연결고리 적기

분절력을 단련하는 세 번째 방법은 매우 간단하다. 도형으로 표시하는 것도, 색으로 칠하는 것도 아니고 책의 여백에 '메모'를 하는 것이다. 여기서 말하는 메모는 내용의 요약이 아니라 한마디 논평을 남기는 주서 달기다(되도록 지워지는 펜으로 메모한다).

책을 읽을 때 남길 수 있는 메모에는 세 가지 유형이 있다.

- 의문을 나타내는 메모
- 동의를 나타내는 메모
- 연결을 나타내는 메모

첫 번째는 '의문을 나타내는 메모'다. 수준 높은 내용을 다룬 책을 읽다 보면 미처 이해하지 못한 대목에 맞닥뜨리게 된다. 그럴 때는 이해하지 못한 부분을 화살표로 꺼내 물음표(?)를 붙여둔다. 내용이 너무 어려워 모든 문장에 물음표를 붙이고 싶을 때도 있겠지만, 이 기호는 그럴 때 쓰기에는 적합하지 않다. 물음표는 특정한 어휘나 저자의 독특한 말버릇의 의미를 알 수 없을 때, 그 '알 수 없는' 부분을 표시하는 데 쓴다. 그 대목이 막혀 주변 문장도 제대로 이해할 수 없다는 취지로 물음표를 사용하면 이해하기 힘든 부분을 모두 밝혀낼 수 있다.

두 번째는 '동의를 나타내는 메모'다. 놀랍게도 교양서를 읽을 때 "맞아!", "옳소!" 하며 동의 표현을 적어넣으면 독해하는 데 도움이 될 수 있다. 책을 읽다 공감할 수 있는 대목을 발견하면 저자의 주장을 이해하지 못한 부분이 있을 때 그 대목으로 돌아가 새롭게 이해를 다져 나갈 수 있기 때문이다. 공감할 수 있는 대목에서부터 시작해 차근차근 논리를 쌓아가다 보면 저자가 바라보는 풍경에 조금씩 가까워진다. 독해의 발판이 되고 독서의 동기를 유지할 수 있다는 점에서 책의 여백에 동의의 메모를 남겨두면 좋다.

세 번째는 '연결을 나타내는 메모'다. 긴 문장을 읽다 보면 이야기의 연결고리를 따라가기 버거울 때가 있다. '어라? 그 이야기가 어디 적혀 있더라'라는 상황에 처하면 다시 오랜 시간을 들여 문자의 바닷속을 헤매야 한다. 이럴 때 관련된 논의를 연결하는 '메모'(구체적으로 페이지 번호 적기)가 되어 있으면 매우 편리하다.

이를테면 15페이지에 '예술'에 대한 이야기가 나오고, 120페이지에 다시 '예술'을 주제로 하는 논의가 등장한다고 하자. 이때 120페이지의 해당 문장을 화살표로 꺼내 '15페이지'라고 메모를 해둔다. 사소한 지혜지만 '연결을 나타내는 메모'를 해놓으면 책의 전체적인 내용을 파악하는 데 도움이 될 수 있다.

'이 책에서 A에 대하여 논하는 것은 18페이지, 23~24페이지, 82페이지, 105페이지, B에 대한 논의는 7페이지, 30~35페이지, 212페이지…'라는 식으로 메모를 정리해두면 어떤 화제에 대한 저자의 견해를 알고 싶을 때 곧비로 해딩 부분을 찾을 수 있다. 책의 전체적인 논리 구조를 파악할 수 있을 뿐 아니라 책을 다시 읽을 때 시간을 크게 아낄 수 있다.

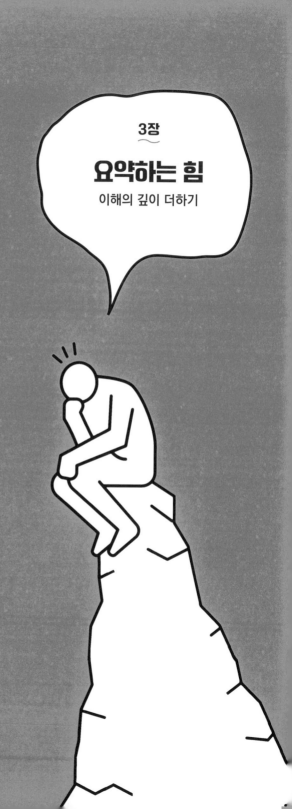

요약이란 무엇인가

　분절력이 문자의 바닷속에서 정보 덩어리를 정리하고 수집하는 힘이라면 요약력은 그렇게 수집된 정보 덩어리로 로직을 재구성하는 힘이다. 레고 블록에 비유한다면 모아들인 부품을 조립하여 거실, 욕실 등의 기능적인 공간을 만들어나가는 단계를 말한다. 아직 핵심인 건축물을 세우는 단계에는 이르지 않았다는 점에 주의해야 한다.

　먼저 '요약이란 무엇인가'라는 실문부터 생각해보자. 요약은 사전적으로 '말이나 글의 요점을 잡아서 간추린다'라는 의미로 내용의 주요 골자를 짚어내는 것을 말한다. 저자의 주장을 구성하는 부품인 단어나 어구를 정리하고 조합하여 누락되지도, 중복되지도 않게 가장 간결한 형태로 재구성하는 일이다.

요약은 매우 섬세한 지적 작업이다. 저자의 주장을 구성하는 단어나 어구를 모두 수집하여 그대로 이어 붙인다면 원래 문장이 될 뿐이다. 그것은 요약이 아니라 단순한 '동어 반복'으로, 상대 이야기를 알기 쉽게 설명하지 않은 상태다.

그렇다고 저자의 문장을 모두 빼고 자기만의 언어로 그의 주장을 표현한다면 전혀 다른 이야기가 된다. 그것은 요약이 아니라 '창작'으로, 상대 이야기를 제대로 담아내지 못한 상태다. 요약이란 어디까지나 저자의 주장을 구성하는 주요 골자를 짚어낸 뒤 거기서 전개되는 로직을 가장 간결한 형태로 재구성하는 지적 작업을 말한다.

'주요 골자를 짚어낸다'라는 표현을 썼는데, 이는 앞서 설명한 '분절' 작업을 가리킨다. 요약을 하려면 사전에 분절 작업을 마쳐야 한다. 요약에 서툰 사람은 그 기초가 되는 분절력 훈련이 되어 있지 않기 때문이다. 사소해 보이는 분절력의 중요성이 부각되는 대목이다. 좋은 분절 없이 좋은 요약은 없다.

시작 단어 찾기
요약의 시작은 분절하기

요약력의 토대는 분절력이다. 이 사실이 요약 작업의 첫걸음이 무엇인지 보여준다. 요약 작업은 사고의 출발점이 되는 '단어'를 찾는 데서부터 시작된다. 저자의 발상이나 주장이 시작되는 단어를 찾는 일이다.

단순히 개념을 파악하는 것은 요약 작업에 대한 피상적인 이해에 그칠 수 있으므로 실제로 문장 요약에 도전해보자. 다음은 카의 『역사란 무엇인가』에서 나오는 한 구절이다.

이처럼 역사가와 역사상 사실의 관계를 곱씹어보니 우리는 암초와 소용돌이 사이를 위태롭게 항해하는 불안정한 상태에 있음을 알 수 있다. 즉 역사를 사실의 객관적 편찬으로 보고 해석에 대하여 사실의 무조건적 우월성을 주장하는, 지지하기 어려운 이론과 역사란 역사상의 사실을 밝히고 이것을 해석 과정을 통하여 정복하는 역사가의 주관적 산물로 생각하는, 마찬가지로 지지하기 어려운 이론 사이에, 다시 말해 역사의 중심은 과거에 있다는 관점과 역사의 중심은 현재에 있다는 관점 사이에 있다. … 역사가는 사실의 얌전한 노예도, 사실의 포악한 주인도 아니다. 역사가와 사실의 관계는 평등한

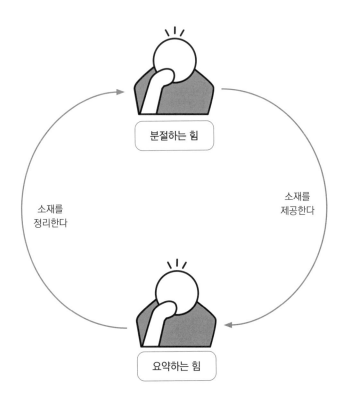

분절하는 힘

소재를
제공한다

소재를
정리한다

요약하는 힘

애초에 '분절하는 힘'이 없으면 요약할 수 없다

관계, 주고받는(give and take) 관계다.

요약 작업의 첫걸음은 문장을 분절하는 것이다. 2장에서 설명한 분절 기법을 모두 활용해보자. 무엇을 정보 덩어리로 정리할 수 있을까? 어떤 것에 무슨 색을 칠할 수 있을까? 앞의 구절은 분절력의 응용문제로 풀어볼 만한 글이다(실제로 이 책에 직접 분절을 해도 괜찮다). 이 구절을 분절했다면 그다음 페이지까지 쭉 읽어나간다.

물론 분절에 완벽한 정답은 없지만, 모범 답안이 될 만한 분절 사례를 제시해본다.

이처럼 역사가와 역사상 사실의 관계를 곱씹어보니 우리는 암초와 소용돌이 사이를 위태롭게 항해하는 불안정한 상태에 있음을 알 수 있다. 즉 (A)【역사를 사실의 객관적 편찬으로 보고 해석에 대하여 사실의 무조건적 우월성을 주장하는[파란색]】, 지지하기 어려운 이론과 (B)【역사란 역사상의 사실을 밝히고 이것을 해석 과정을 통하여 정복하는 역사가의 주관적 산물로 생각하는[파란색]】, 마찬가지로 지지하기 어려운 이론 사이에, 다시 말해 (A)【역사의 중심은 과거에 있다는 관점[파란색]】과 (B)【역사의 중심은 현재에 있다는 관점[파란색]】 사이에 있다. … 역사가는 (A)【사실의 얌전한 노예[파란색]】도,

(B) 【사실의 포악한 주인[파란색]】도 아니다. 역사가와 사실의 관계는 【평등한 관계[노란색]】, 【주고받는(give and take) 관계[노란색]】이다.

　이 구절에서 카의 인식은 "역사가와 역사상 사실의 관계를 곱씹어보니 우리는 암초와 소용돌이 사이를 위태롭게 항해하는 불안정한 상태에 있다"라는 것이므로 먼저 이 부분에 밑줄을 긋는다. 이어지는 문장들에서 파란색 형광펜(저자가 논쟁의 대상으로 간주하는 관점)이 여섯 군데나 칠해져 있는데, 각각의 대목이 A와 B의 관점으로 나뉘어 파란색끼리 대립하고 있음을 알 수 있다. '암초와 소용돌이'(A와 B)의 어느 쪽도 거부하는 카는 역사가와 역사상 사실의 관계가 '평등한 관계'임을 적극적으로 주장하고 있으므로 그 부분에는 노란색 형광펜을 칠한다.

　정보 덩어리를 정리하자 이 인용문은 '역사가와 역사상 사실의 관계성'을 주제로 한다는 점이 명확하게 드러나므로 주제를 한눈에 꿰뚫어볼 수 있도록 '역사가', '사실', '평등'의 세 단어에 방점을 찍는다.

　여기까지가 요약의 준비 단계다. 정보 덩어리를 정리하고 수집하는 분절 작업을 마쳤으니 이제 요약 작업을 시작할 수 있다.

단어 배열하기
양적으로, 질적으로 압축하기

핵심 내용을 분절한 다음에는 분절된 여러 단어와 어구를 '문장' 형태로 늘어놓는다. 일단 앞서 분절 작업에서 가려낸 단어와 어구를 살펴보자.

- 역사가와 역사상 사실의 관계 → 암초와 소용돌이 사이를 위태롭게 항해
- (A-1) 역사를 사실의 객관적 편찬으로 보고 해석에 대하여 사실의 무조건적 우월성을 주장하는, 지지하기 어려운 이론
- (A-2) 역사의 중심은 과거에 있다는 관점
- (A-3) 역사가는 사실의 얌전한 노예
- (B-1) 역사란 역사상의 사실을 밝히고 이것을 해석 과정을 통하여 정복하는 역사가의 주관적 산물이라고 생각하는, 마찬가지로 지지하기 어려운 이론
- (B-2) 역사의 중심은 현재에 있다는 관점
- (B-3) 역사가는 사실의 난폭한 주인
- 평등한 관계
- 주고받는 관계

중요한 단어와 어구를 늘어놓고 보니 A와 B의 대립은 대부분 중복된다는 사실을 알 수 있다. A-1부터 A-3, 그리고 B-1부터 B-3까지 정리해야 하는데 어떻게 정리할 수 있을까. 힌트는 A-1의 '객관적 편찬'과 B-1의 '주관적 산물'이다. 이 대목에 주목하자 '객관성 대 주관성'이라는 A와 B의 대립 구도가 선명하게 드러난다. 즉 역사 이론을 생각할 때 역사의 객관성만을 주장하는 관점이 A이고, 역사의 주관성만을 주장하는 관점이 B이다. 두 가지 극단적인 관점(암초와 소용돌이) 사이를 지나는 카의 관점은 자연스럽게 '평등'이 될 것이다.

이런 방식으로 생각을 거듭하다 보면 요약에 필요한 단어와 어구를 더욱 간결하게 추려낼 수 있다.

- (주제) 역사가와 역사상 사실의 관계
- (테제 A) 역사의 객관성만을 주장하는 관점
- (테제 B) 역사의 주관성만을 주장하는 관점
- (카의 관점) 암초와 소용돌이 사이 = 역사가와 역사상 사실은 평등한 관계

요약의 부품이 제법 깔끔하게 정리되었다. 이 부품을 문장 형태로 늘어놓으면 요약이 완성된다.

에드워드 카는 역사의 객관성만을 주장하는 관점과 역사의 주관성만을 주장하는 관점을 모두 거부했다. 역사가(주관성)와 역사상의 사실(객관성)은 평등한 관계다.

어떤가? 원래 문장보다 훨씬 깔끔하게 정리되었을 뿐 아니라 간결한 표현으로 저자의 주장이 재구성되었다. 요약 작업으로 양적으로나 질적으로 문장을 압축할 수 있다.

구멍 찾기
미처 짚어내지 못한 서술 보태기

요약이란 저자의 주장이 담긴 주요 골자를 대담하게 짚어내는 작업이므로 매번 정밀하게 이루어지기 어렵다. 당연히 누락이 발생할 수 있으므로 요약할 때는 항상 '구멍'을 찾는 습관을 들여야 한다. 예를 들어 앞서 요약한 글에는 누락이 없을까? 원래 문장과 대조하면서 요약한 문장을 다시 한번 살펴보자.

에드워드 카는 역사의 객관성만을 주장하는 관점과 역사의 주관성만을 주장하는 관점을 모두 거부했다. 역사가(주관성)와 역사상의

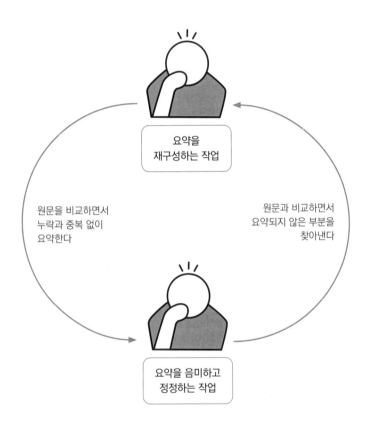

요약을
재구성하는 작업

원문과 비교하면서
요약되지 않은 부분을
찾아낸다

원문을 비교하면서
누락과 중복 없이
요약한다

요약을 음미하고
정정하는 작업

사실(객관성)은 평등한 관계다.

이 요약문은 정밀도가 꽤 높은 편이지만, 요약의 구멍이 있다는 점은 부정할 수 없다. 예를 들어 카는 원래 문장에서 '평등한 관계'라는 표현을 '주고받는(give and take) 관계'라고도 표현했다. 'A와 B는 평등하다'라고 하는 것과 'A와 B가 서로 주고받는 관계에 있다'라고 하는 것은 엄연히 다르다. 더 정확하게는 '주고받는'이라는 표현 자체에 '평등'이라는 뉘앙스가 담겨 있으므로 '주고받는 관계'는 단순히 '평등한 관계'를 넘어 더 풍성한 의미로 해석할 수 있다.

이런 관점에서 보면 "~는 평등한 관계다"로 끝난 이전 요약에는 이 '주고받는 관계'라는 의미가 들어 있지 않다고 할 수 있다(엄밀히 말하면 '주고받는 관계'라는 의미는 이후 단락에서 설명하므로 이 시점에서는 요구되지 않는 내용이다).

이처럼 아무리 세심하게 주의를 기울여도 요약의 구멍이 생긴다. 요약은 본래의 문장을 잘라내는 작업이므로 이는 어느 정도 감안해야 하는 일이다. 그렇다고 '그러면 요약 따위는 할 필요 없다'라고 성급하게 결론을 내려서는 안 된다. 역설적이게도 저자의 주장을 100퍼센트 이해하지 못했다는 사실을 보여주는 '요약의 구멍'은 바로 요약 과정에서 선명하게 드러나기 때문이다.

우리는 내용을 요약함으로써 저자의 주장에 담긴 큰 틀을 이해한다. 하지만 요약한 문장과 원래 문장을 비교하면 사소한 곳에서 미처 짚어내지 못한 서술이 있다는 사실이 분명하게 드러난다. 이런 요약의 구멍을 발견함으로써 더욱 깊이 있게 문장을 해석할 수 있다.

　이처럼 독해 작업과 요약 작업은 서로 순환하는 관계에 있다. 요약하고, 그때 생긴 구멍을 메우기 위하여 다시 독해를 한다. 그리고 그 독해를 축으로 다시 요약을 한다. 요약을 하고, 구멍을 발견하여 그것을 메우기 위하여 다시 독해를 하고, 원래 요약을 다듬는다. 이런 순환 과정이 요약력을 훈련하는 기본적인 방법이다. 요약된 주장은 논거를 만드는 로직을 구성한다.

4장

논증하는 힘

논리를 이어 생각 다지기

분절력이 정보 덩어리를 정리하고 수집하는 힘이고, 요약력이 정보 덩어리를 이용하여 로직을 재구성하는 힘이라면 논증력은 구성된 로직을 연결하여 논거를 만드는 힘이다. 레고 블록에 비유한다면 거실과 욕실 등 기능적인 공간을 조합하여 마침내 건축물을 세우는 단계를 말한다.

타자의 의견을 요약하는 것만으로는 독창적인 논의를 전개할 수 없으므로 자신만의 추론을 통하여 도출한 판단을 곳곳에 끼워 넣어야 한다. 논거를 짤 때 중요한 것은 타자 관점에서 뽑아낸 요약과 자기 관점에서 뽑아낸 추론을 균형 있게 조합하는 일이다.

타자 관점에서 뽑아낸 요약이 전혀 없으면 독선적인 논거

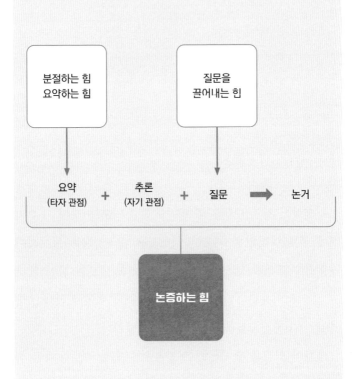

로 전락하고, 반대로 자기 관점에서 뽑아낸 추론이 전혀 없으면 타자의 의견을 제 생각인 듯 받아쓴 논거로 전락하고 만다. 분절력, 요약력, 그리고 논증력이 균형을 이룰 때 우리는 논리적 사고를 펼칠 수 있다.

태초에 질문이 있었다

무언가를 논증할 수 있는 문장은 설득력 있고 매력적이다. 보고서나 기획서 등 논리적인 문장이 요구되는 글에서는 특히 설득력 있는 논증을 펼쳐야 한다. 그렇다면 어떻게 하면 논증의 핵이 되는 논거를 매력적으로 짤 수 있을까? 여기서 우리는 사고의 원점인 1장에서 다룬 '질문을 끌어내는 힘'으로 돌아가야 한다. 태초에 질문이 있었다. 질문이야말로 논거를 짤 때 가장 의식해야 할 사고의 원점이라 할 수 있다.

애초에 문장을 쓸 때 왜 논거가 요구될까? 그것은 우리 주변에 해결해야 할 문제가 숱하게 존재하기 때문이다. 지구 환경을 위하여 우리가 해야 할 일은 무엇인가? 사회 문제에 대처하기 위하여 우리가 할 수 있는 일은 무엇인가? 향후 조직은 어떤 방향으로 나아가야 하는가? … 이런 심각한 질문이 사고의 출발점에 있기에 설득력 있는 논거를 짜야 한다.

첫 질문이 사소하면(예를 들어 '오늘 저녁은 뭘 먹을까') 특별한 논거를 짤 필요 없이 구체적인 선택지를 나열하는 것(예를 들어 '햄버거 먹자')만으로도 충분히 대화가 이루어진다.

진지한 논의를 전개하고 싶을 때, 가장 먼저 해야 할 일은 사회적으로 의미 있는 심각한 질문을 찾아내는 것이다. 물론 '우리는 어떻게 살아야 하는가'라는 개인적인 질문도 매우 절실한 문제지만, 굳이 말하자면 그것은 논의보다 신념에 속하는 주제다. 그리고 개인적인 신념을 품을 때 매번 논거가 필요한 것은 아니다.

사회적으로 의미 있는 심각한 문제를 논의하기 위해서는 먼저 '도대체 무엇이 문제인가'라는 질문에 대한 답부터 찾아야 한다. 여기서 문제의 쟁점을 잘못 받아들이거나 문제를 축소한다면 사고의 출발점에서 첫 단추부터 잘못 끼우는 셈이다.

해결되어야 하는데 좀처럼 해결되지 않는 문제는 대개 딜레마를 안고 있다. 그런 딜레마를 간파하여 종래의 해결책을 가로막는 문제의 어려움을 정확하게 꿰뚫어보아야 한다. 바꾸어 말하면 '이 문제의 진짜 어려움은 무엇인가'라는 질문을 던져야 한다. 자칫 먼 길로 돌아가는 것처럼 보일 수 있지만, 이런 '질문을 끌어내는 힘'이 없으면 논거를 짜는 행위, 곧 논증은 이루어지지 못한다.

첫 질문 정하기
표면적 질문, 본질적 질문 가려내기

가령 '사람들의 인식 속에 남아 있는 차별 의식을 없애려면 어떻게 해야 하는가'라는 질문을 생각해보자. 이는 사회적으로 심각하고 반드시 해결되어야 하는 문제다. 이 질문을 마주한 사람은 대개 "다른 문화를 체험하게 한다", "다양한 사람이 있다는 사실을 이해하게 한다. 여기에 적합한 방법은 A안과 B안이 있고, 왜냐하면…, 따라서…" 등의 흐름으로 논거를 짜나갈 것이다.

하지만 이런 질문이 참다운 질문의 조건을 충족할 수 있을까? 다른 문화를 체험하거나 다양한 사람을 이해해서 차별 의식을 둘러싼 갈등이 해소된다면 진작 문제가 해결되었을 것이다. 이렇게 머릿속에 곧바로 떠오르는 기존의 해결책이 근본적으로 저지되기 때문에 이 문제가 골치 아픈 것이다. 진짜 문제는 다른 곳에 있을지도 모른다. 여기서 질문을 끌어내는 힘, 바꾸어 말해 기존의 질문에 가려진 미지의 질문을 탐구하는 사고력이 필요하다.

앞서 나온 질문은 '사람들의 인식 속에 남아 있는 차별 의식을 없애려면 어떻게 해야 하는가'라는 물음이었다. 어쩌면 사람들의 인식 속에 애초에 '차별 의식'이 없을 수 있다. 그런 사람들은 "나는 딱히 차별 따위 하지 않고 당연한 '사실'을 말하고 있을 뿐이다"라고 주장할지도 모른다. 다시 말해 꼭 '악의가 있어서 악의 있는 행동을 한다'라고 할 수 없다. (역설적으로 들릴지도 모르지만) 악의가 없더라도 사람은 악의 있는 행동을 할 수 있다.

여기까지 생각이 이르면 '첫 질문'을 다음과 같은 형태로 바꿀 수 있다. '명확한 차별 의식이 없는데도 사람들이 차별적인 언행을 하는 것은 무엇 때문인가?' 질문 형태를 바꾸자 문제 원인을 사람들의 의식 내부가 아니라 외부에서 찾는 방향으로 시선을 돌릴 수 있다.

차별적인 사고나 언행이 재생산되는 현장을 관찰하면 대부분 '말'을 무대로 삼고 있다는 사실이 분명하게 드러난다. 우리가 하는 말이야말로 인간에게 시종인 동시에 주인인 존재다. 말은 인간에게 단순한 도구일 뿐인데, 다른 측면에서 보면 말만큼 인간의 사고방식과 시각을 규정하는 것도 없다.

이를테면 일본인은 초등학교 1학년 때 '男'(남)과 '女'(여)라는 한자를 배우는데, 일본어에서 성별을 나타내는 한자는 이 두 개밖에 없다. 즉 일본어 한자는 성(性)의 다양성을 전혀 인식하지 못한다. 원래대로라면 LGBTQ+, 즉 레즈비언, 게이, 바이섹슈얼, 트랜스젠더, 퀘스처너리(Questinary, 자신의 성 정체성이나 성적 지향을 확립하지 못하고 스스로 질문하는 사람-옮긴이)를 포함하여 성 소수자 전반의 성을 나타내는 한 자가 존재해야 한다.

아이들은 '男과 女'라는 한자(개념)밖에 배우지 않기 때문에 자연스럽게 '인간은 보통 남자와 여자 두 종류밖에 존재하지 않는다'라는 사고방식에 익숙해지게 된다. 그들은 딱히 자신이 원해서 '남녀 이원론자'가 되는 것이 아니다. '남과 여' 이외의 성을 나타내는 한자가 애초에 일본어에 존재하지 않기 때문에 남녀 이원론적 사고에 빠진다. 그런 사고방식을 지닌 채 어른이 되면 차별 의식이 없더라도 '남자는 남자고 여자는 여자인데, 그게 섞여 있으면 이상하지 않나'라는 차별적인 언행을 구사할 가능성이 크다.

여기서는 젠더에 대한 차별 사례를 인용했는데, 이외에도 우리 주변에는 국적, 출신 지역, 학력, 직업 등에 따른 다양한 차별과 편견이 넘쳐난다. 사회에 확산되는 말은 우리가 세상을 바라보는 시각이나 사고방식을 지배하기 쉽다. 우리는 사람들에게 차별적인 언행과 혐오 표현을 구사하게 만드는 말의 사용법을 점검하고 때에 따라서는 개선하기 위하여 노력해야 한다.

예를 들어 어느 기업이 반찬 브랜드 이름을 '엄마 식당'이라고 지었다고 하자. 그런 명명은 '집안일은 여성이 하는 법이다'(남성은 밥상을 차려주기를 기다리기만 하면 된다)라는 규범적인 주장과 너무나도 쉽게 이어진다(자각 없이 이루어진 일이라면 더 문제다).

또 어느 기업 광고를 보면 엄마 역할을 맡은 연기자가 "오늘은 배달시켜 먹어도 돼?"라고 묻자, 남자아이가 "허락할게요"라고 씩씩하게 대답하는 장면이 나온다. 이 경우 "허락할게요"가 아니라 "힘들면 아빠에게 부탁하는 게 어때요?"라거나 "같이 만들어요"라고 말해도 좋지 않을까. 이런 광고가 사람들의 무의식을 파고들어 성별에 따라 역할이 다르다(남자는 여자가 집안일을 하지 않아도 된다고 허락할 수 있는 위치에 있다)는 구태의연한 사고방식을 심어준다. 사회에서 이런 차별적인 말의 힘을 어떻게 바꿔나갈 것인가.

문제의 심층이 파악되면 마침내 우리는 논거를 짜기 위한 첫걸음을 내디딜 수 있다. 모든 것은 질문에서 시작된다. 첫 질문이 사안의 본질을 담아내지 못하면 아무리 많은 시간과 에너지를 들여도 설득력 있는 논거를 짤 수 없으며 공회전만 할 뿐이다.

중요한 것은 사안의 핵심을 담은 본질적인 질문을 가리는 표면적인 질문을 걷어내고 진실로 물어야 할 질문을 꾸준히 탐구하는 자세다. 이런 이유로 '논증하는 힘'을 단련하려면 1장에서 설명한 '질문을 끌어내는 힘'을 꾸준히 훈련해야 한다.

논거 짜기
논증하는 글쓰기

세상에는 심각한 문제가 넘쳐난다. 사안의 본질을 담은 첫 질문이 결정되면 '그러면 이 문제를 어떻게 해결하지?'라는 목소리가 높아진다. 이때 필요한 것이 바로 문제를 해결하기 위한 논거다. 세상에 다양한 문제가 존재하는 만큼 문제에 따라 논거를 짜는 방법도 다양하다. 대학생 리포트나 직장인 기획서 등도 모두 논거를 짠다는 의미에서 동일하지만 사소한 형식은 다르다. 여기서는 어떤 테제를 논증하는 문장, 즉 논문 작성법을 본보기로 삼아 논거를 짜는 방법을 설명한다. 논문을 쓰는 요령을 터득하면 그것을 리포트나 기획서 같은 문서를 작성하는 데 응용할 수 있기 때문이다.

일반적으로 논문은 다음과 같은 방식으로 구성된다.

- 서론(도입과 문제 제기)
- 본론(주장을 도출하기 위한 근거 제시)
- 결론(최종적인 주장)
- 전망

서론에서는 먼저 '무엇이 다루어져야 할 문제인가'를 독자에게 제시한다. 이 부분에서 설득력 있게 문제를 제기하지 못하면 독자의 관심을 불러일으킬 수 없다. 때에 따라서는 서론 단계에서 '이 문제에 대하여 본 논문은 A안을 채택할 것을 제안한다'라는 식으로 미리 결론(주장)을 제시하기도 한다.

어떻든 논문을 쓸 때 문제를 제기하는 '서론'과 해결책을 제안하는 '결론'은 늘 함께해야 한다. 그 사이에 놓이는 것이 해결책의 유효성과 타당성을 논하는 '본론'이다. 논문의 전체 분량에 따라 다르지만 본론은 대개 서너 개의 절로 단락이 나뉜다. 서론-본론-결론까지 논술이 끝나면 그 논술을 근거로 미래 비전이나 다음 과제를 언급하는 것이 '전망'이다. 여기까지 순조롭게 논리를 전개함으로써 짜여지는 전체 내용이 바로 논거다.

앞서 왜 그토록 첫 질문의 중요성을 강조했는지 이제 이해하리라 믿는다. 논문은 항상 문제 제기에서 시작되고, 논거 짜기는 항상 질문에서 시작된다.

추상적인 질문부터 구체적인 질문에 이르기까지 세상에는 다양한 물음이 존재하지만, 어느 쪽이든 그런 질문을 '문제'로서 그려내는 작업이 서론에서 요구된다. 이때 질문을 문제로 제기하는 작업이 매우 중요하다. 세상에는 '정말로 그것이 문제일까'라고 반문하는 사람도 많기 때문이다. '아,

그 문제는 제대로 한번 생각해볼 필요가 있어'라고 사람들의 공감을 불러일으킬 수 있어야 한다.

　문제 제기의 중요성에 따라 결론, 더 나아가 논거 전체의 중요성도 커진다. 햄버거와 같이 이것도 알맹이인 본론을 제대로 갖추는 것이 중요하다. 알맹이를 '아무튼 공부한 걸 죄다 욱여넣는다'라는 심정으로 전개해서는 안 된다. 그러면 어떤 순서로 본론을 전개해야 할까?

로직 연결하기
질문과 답변의 순환

　1절이 끝나면 2절로 넘어가고 그다음은 3절, 마지막 4절… 이렇게 체계적으로 로직을 연결하기 위해서는 임기응변식으로 논술해서는 안 된다. 논문의 핵심은 이야기의 순서에 필연성이 요구된다는 점이다. 필연성이란 반드시 그렇게 될 수밖에 없는 요소나 성질을 말한다.

　어떻게 하면 설득력 있게 이야기의 순서에 필연성을 부여할 수 있을까? 비결은 질문과 답변으로 이야기를 이어가는 것이다. 사실을 장황하게 늘어놓기만 해서는 좋은 논문을 쓸 수 없다. 논문에는 문장의 강약이 필요하다. 그 강약을 조절하는 데 가장 효과적인 방법은 질문으로 각 로직을 연결하는 것이다.

예를 들어 '앞으로의 시대에는 어떤 교육이 요구되는가'라는 주제로 논문을 쓴다고 하자. 이 주제로 논거를 짤 때, 전체를 통틀어 필요한 작업은 '도대체 지금 교육은 무엇이 문제인가'라는 질문에 대한 명확한 답을 찾아내는 것이다. 먼저 '지금 시대에 요구되는 능력과 종래의 교육으로 높일 수 있는 능력 사이에 괴리가 생겼다'라는 현황을 도입부(문제 제기)에 서술한다. 이 문제를 해결하는 데 효과적인 방법을 제안할 수 있다면 그것이 결론(주장)을 구성하게 된다.

여기까지가 서론이다. 본론은 서론에서 결론을 도출하기 위한 과정이 질문과 답변의 순환을 이루며 전개된다. '지금은 어떤 시대라고 불리는가'(주요 질문 1)라는 물음으로 글을 시작한다. 예를 들어 '다양성이 존중받는 시대'라고 표현할 수도 있고, 복잡성이 두드러지는 'VUCA 시대'(예측 불가의 시대, 변동성(Volatility), 불확실성(Uncertainty), 복잡성(Complexity), 모호성(Ambiguity)의 머리글자를 따서 만든 신조어 – 옮긴이)라고 표현할 수도 있다(주요 질문 1에 대한 답변). '다양성이라는 단어는 어떤 상황을 나타내는가'라거나 'VUCA라는 말은 어떤 맥락에서 등장했는가'라는 보조적인 질문에도 당연히 답변해야 한다. 이런 한 덩어리의 로직을 구성하는 것이 1절의 역할이다.

　다음으로 '지금의 학교 교육은 이런 시대 흐름에 대응하는가'(주요 질문 2)라는 질문을 던져야 한다. 이 질문을 1절의 끄트머리나 2절 첫머리에 둔다면 1절의 로직에서 2절의 로직으로 매끄럽게 연결될 수 있다. 적절한 의문문으로 로직을 연결하면 이야기의 흐름도 자연스러워지고, 독자가 '하긴 그렇지. 그 문제를 어떻게 생각해야 할까'라며 흥미를 느낄 확률도 높아진다.

　2절에서는 주요 질문 2에 답변하는 논술을 해야 한다. '일본 학교 교육의 특징은 무엇인가'라는 보조적인 질문에도 답변해야 한다. 그러면 '학생을 교실에 밀어 넣고 모두 같은 내용을 가르치는 지금 방식으로는 획일적인 교육밖에 할 수 없고, 복잡한 시대 흐름에 대응할 수 있는 유연한 사고력을 기를 수 없다'(주요 질문 2에 대한 답변)라는 식으로 논술이 전개될 것이다. 여기까지가 2절이다.

　2절에서 3절로 옮겨가기 위해서는 어떻게 해야 할까? 여기서부터는 계속해서 논리를 전개해나가려면 어떻게 해야 할지 당신도 생각해보기를 바란다. 만약 논술의 방향을 잡지 못하여 헤매고 있다면 서론의 질문(가장 근본적인 문제 제기)으로 돌아가 본다. 최초의 문제 제기가 적절했다면 본론을 완성하는 데 필요한 질문은 저절로 떠오른다. 반대로 질문이

| 주제 | 앞으로의 시대에는 어떤 교육이 요구되는가 |

| 주된 질문 ❶ | 지금은 어떤 시대라고 불리는가 |
| 주된 질문 ❶에 대한 답변 | '다양성이 존중받는 시대', 'VUCA 시대'라고 불린다 |

| 주된 질문 ❷ | 지금의 학교 교육은 이런 시대 흐름에 대응하는가 |
| 주된 질문 ❷에 대한 답변 | 학생을 교실에 밀어 넣고 모두 같은 내용을 가르치는 지금 방식으로는 획일적인 교육밖에 할 수 없고, 복잡한 시대 흐름에 대응할 수 있는 유연한 사고력을 기를 수 없다 |

| 주된 질문 ❸ | 기존 학교 교육의 문제를 극복할 수 있는 새로운 학습법은 무엇인가 |
| 주된 질문 ❸에 대한 답변 | 정답이 없는 시대에는 스스로 문제를 발견하는 사고력을 기르는 학습법이 필요하다 |

| 주된 질문 ❹ | 그런 새로운 학습법은 구체적으로 어떻게 (어디에서) 배울 수 있는가 |
| 주된 질문 ❹에 대한 답변 | 질문을 끌어내는 사고력을 기르는 학습법을 온라인상에 공개하고, 사람들이 언제든지 그것을 익힐 수 있도록 한다 |

| 결론 | 앞으로의 시대에는 질문을 끌어내는 사고력을 기르는 교육이 필요하며, 이를 위해서는 온라인상에 학습법을 공개하는 방식을 고려해볼 수 있다 |

떠오르지 않는다면 첫 질문이 모호하거나 엉성했을 수 있다. 그런 경우 사고의 출발점이 되는 문제 제기 단계에서 질문 형태를 바꾸어본다.

이번 사례에서는 '앞으로의 시대에는 어떤 교육이 요구되는가'라는 질문이 논문 전체를 관통하는 문제로 제기되었다. '지금 시대는 복잡성과 다양성이 두드러진다'(1절 정리), '기존의 학교 교육으로는 이런 흐름에 대응할 수 없다'(2절 정리)라는 두 가지 정황이 포착되었다. 다음으로 '기존 학교 교육의 문제를 극복할 수 있는 새로운 학습법은 무엇인가'(주요 질문 3)라는 질문이 이어져야 한다. 2절 끄트머리, 혹은 3절 첫머리에서 이 질문을 제기하고 3절에서 그에 대한 답변을 서술한다.

3절에서는 '정답이 없는 시대에는 스스로 문제를 발견하는 사고력을 기르는 학습법이 요구된다'(주요 질문 3에 대한 답변)라는 흐름으로 논리가 구성될 것이다. '스스로 문제를 발견하기 위한 훈련은 어떻게 해야 하는가', '그때 철학적인 사고방식은 유용한가' 등의 보조적인 질문에도 답변한다. 이런 식으로 논리가 전개되면서 서론에서 제기한 문제에 대한 답변이 대부분 이루어진다.

하지만 본론이 완성되기까지는 아직 한 단계 더 남아 있다. '그런 새로운 학습법은 구체적으로 어떻게 (어디에서) 배울 수 있는가'(주요 질문 4)라는 실현 가능성에 관한 질문에 답해야 한다. 3절 끄트머리, 혹은 4절 첫머리에서 이 질문을 제기하고 4절에서 그에 대한 답변을 서술한다.

여기서 적어도 두 가지 선택지가 제시될 수 있다. 새로운 학습법을 학교 교육에 도입하는 방안을 목표로 삼을 것인가 (A안), 아니면 학교 교육과 별개로 새로운 학습법을 제도화하는 방안을 목표로 삼을 것인가(B안)가 그것이다. 이 두 가지 선택지가 '논거의 분기점'이다. 둘 중 실현 가능성이 큰 쪽을 논술로 끌어내야 한다.

이때 처음부터 'ㅇ안이 낫다'라고 결론을 정해놓고 논술하기보다 자신과 다른 관점의 견해도 고려해가며 타당한 결론을 모색해야 한다. 예를 들어 A안의 방향성에 대하여 B안 쪽에서 '경직된 학교 교육에서 종래의 교수법을 바꾸기란 현실적으로 쉽지 않다. 따라서 학교 교육과는 독립적으로 아이들의 사고력을 키우는 방법을 생각해야 한다'라는 의견이 나올수 있다. 이 견해에 동의한다면 B안의 방향성을 고려하는 방식으로 논술을 한다.

물론 B안에 대해서도 A안 쪽에서 '의무 교육 과정에 새로운 학습법을 도입하지 않으면 아이들의 학력 격차가 더욱 심화될 것이다'라는 비판이 나올 수 있다. 만약 B안의 방향성에서 논술을 생각한다면 이렇게 A안 쪽에서 나올 비판을 미리 염두에 두어야 한다. 다시 말해 상대의 반론을 상정하고 그것을 제압할 만한 근거를 논술에 포함해야 한다.

A안 쪽에서 제기된 '교육 기회의 평등'이라는 관점을 넣으려면 이를테면 다음과 같은 대응책을 마련해야 한다. '질문을 끌어내는 사고력을 기르는 학습법을 온라인상에 공개하고, 사람들이 언제든지 그것을 익힐 수 있도록 한다'(주요 질문 4에 대한 답변)라는 답변이 그것이다. 여기까지 논리가 전개되면 우리는 '앞으로의 시대에는 질문을 끌어내는 사고력을 기르는 교육이 필요하며, 이를 위해서는 온라인상에 학습법을 공개하는 방식을 고려해볼 수 있다'라는 주장(결론)을 도출할 수 있다.

마지막으로 '전망'에서 '정답을 맞히는 것이 아니라 문제를 찾아내는 사고력의 습득 정도를 어떻게 평가할 수 있는가', '질문을 끌어내기 전에 기본적인 한자를 모르는 아이들의 학습을 지원하려면 어떻게 해야 하는가' 등과 같은 '다음 과제'를 명시하며 전체적인 논술을 마무리하면 논거가 완성된다.

이처럼 하나의 질문에 답하면 다음 질문이 나오고, 그 질문에 답하면 다시 다음 질문이 나오는 '질문과 답변의 순환' 과정을 통하여 본론의 전체 로직이 긴밀하게 연결된다. 이것이 바로 논거를 짜는 논증력이다.

아무리 공부를 많이 해서 풍부한 지식을 쌓았다고 해도 논증력을 갈고닦지 않으면 시간이 지나도 논문을 쓸 수 없다. 단순한 지식이나 사실을 열거하는 문장으로는 무언가를 논할 수 없기 때문이다. 앞서 '태초에 질문이 있었다'라고 말했지만, 질문이 요구되는 것은 처음만이 아니다. 일련의 질문 네트워크가 논리적인 문장의 혼을 구성한다. 혼이 없는 문장은 자기 몸을 갖는 것조차 허락되지 않는다.

논증을 뒷받침하는 힘

분절력과 요약력이 논증을 뒷받침한다고 말하면 '로직을 연결하여 논거를 짤 때 분절력과 요약력은 크게 필요 없는 것이 아닐까'라고 생각할 수 있다. 결론부터 말한다면 논거를 짤 때 분절력과 요약력은 모두 필요하다. 논증을 연결하는 로직은 요약력을 바탕으로 하기 때문이다('좋은 분절 없이 좋은 요약은 없다'라고 했으므로 분절력도 필요하다).

예를 들어 앞서 소개한 사례에서는 네 가지 주요 질문(본론)과 씨름함으로써 최초에 제기된 문제(서론)에 답하는 주장(결론)을 끌어냈다. 이때 각 로직이 저마다의 순서로 논증되었는데, 이 로직을 구성하는 과정에서 요약력이 필요했다.

앞서 언급한 사례에서는 1절에서 먼저 '지금은 어떤 시대라고 불리는가'라고 질문을 던졌다. 이 질문에 답하려면 '지금 시대에 관하여 이야기되고 있는 것'을 책이나 인터넷에서 조사하고 그 내용을 누락이나 중복 없이 요약해야 한다. 또 '지금의 학교 교육은 이런 시대 흐름에 대응하는가'라는 2절의 질문에 답하려면 '일본 학교 교육의 특징'에 대하여 논하는 저작이나 기사를 조사하고 그 내용을 요약해야 한다.

신뢰할 수 있는 타자나 출전에서 얻은 정보를 요약하면 주장의 근거를 얻을 수 있다. 이런 논거는 글 쓰는 사람이 제멋대로 만들 수 있는 것이 아니다. 주장의 근거가 타자에게 있기에 자의적이지 않고 객관적인 논거가 될 수 있다(물론 '무엇이 신뢰할 만한 근거인가', '지식의 기초가 되는 지식은 있는가'라는 철학상의 난제가 그 앞에 기다리고 있지만, 지면 관계상 이 책에서는 파고들지 않겠다).

요약만으로 로직이 구성되는 것은 아니다. 예를 들어 '지금의 학교 교육은 VUCA라고 불리는 시대 흐름에 대응하지 못한다. 왜냐하면…, 따라서… 이다'라는 로직을 구성할 때, 책이나 인터넷에 있는 내용을 요약해서는 상술한 로직을 끌어낼 수 없다. 설득력 있는 논거를 짜기 위해서는 신뢰할 만한 타자의 견해를 요약하는 작업과 자신의 관점에서 독창적인 추론을 끌어내는 작업을 겹겹이 포개어야 한다.

논리적 사고를 전개하려면 분절력, 요약력, 논증력의 세 가지 힘이 모두 필요하다. '무엇이 중요한 정보 덩어리인가'를 가려내기 위해서는 분절력, '어떤 로직을 재현하고 구성할 수 있는가'를 점검하기 위해서는 요약력, 그리고 '누락과 중복 없는 추론 과정에 따라 논거를 짤 수 있는가'를 확인하기 위해서는 논증력이 요구되기 때문이다. 분절에 실패하면 다양한 정보를 난집하게 늘어놓은 것이고, 요약에 실패하면 근거로 제시된 데이터나 텍스트를 애초에 잘못 이해한 것이며, 논증에 실패하면 이야기가 두서없게 된다. 이 모든 함정을 피하고 마치 하나의 건축물을 세우듯 치밀하게 논거를 짜는 작업이야말로 논리적 사고라고 할 수 있다.

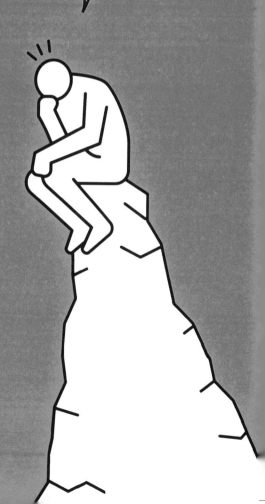

추상적인 것을 현실에 드러내 보이기

'질문을 끌어내는 힘'이 달리기의 출발점을 정하는 기술이고, '분절하는 힘'·'요약하는 힘'·'논증하는 힘'이 출발점에서 실제로 달리기 시작하는 기술이라면 '이야기화하는 힘'은 달린 경로의 풍경을 매력적인 영상으로 재현하는 기술이다.

사람에 따라서는 영상으로 재현하는 이 단계에 위화감을 느낄지도 모른다. 출발점을 정하고 실제로 달리기 시작하는 단계와 비교하면 이 단계는 얼핏 필연성이 떨어져 보이기 때문이다. 그러나 이 세 번째 단계는 스스로 생각하는 힘을 기르는 데 매우 중요한 역할을 한다. 우리가 아무리 치밀하게 사고를 하더라도 그것을 남에게 제대로 전달할 수 없다면 무의미하기 때문이다.

비단 전달 실패만이 문제가 아니다. 남에게 설명하지 못한다는 것은 자기 자신도 정확히 이해하지 못했다는 의미다. 아무리 추상적인 화제일지라도 정확히 이해한 것은 적확한 비유로 설명할 수 있고, 상대의 입장에 맞춰 설명의 방식을 적절하게 바꿀 수 있다. 그렇지 못하고 설명이 모호할 때는 어딘가 미처 이해하지 못한 부분이 있다는 의미다.

문제는 자신이 무엇을 생각하고 있는지 실은 스스로도 잘 모르는 상황이 매우 많다는 점이다. 이런 상황은 사고하는 사람 자체가 말의 추상성에 사로잡힘으로써 빚어진다. 말은 본래 추상적이다. 물론 말에는 추상화하는 기능이 있어 우리는 자신이 관찰할 수 있는 범위를 넘어 정보를 전달할 수 있다. 예를 들어 우리가 실제로 그 완성 장면을 보았을 리 없는데도 '2012년에 도쿄 스카이트리가 지어졌다'라는 사실을 알 수 있는 것은 말이 그 사건을 추상화해주었기 때문이다. 그러나 그렇기에 더욱 우리는 종종 추상화라는 말의 편리한 기능에 발목 잡혀 실질적으로는 아무 생각도 할 수 없는 상황에 빠진다.

관찰된 사물을 대상으로 하거나, 가치나 규범의 주장을 정당화하는 실질적 사고를 하려면 여러 가지 구체적인 사례를 염두에 두고 있어야 한다. 예를 들어 "앞으로의 시대에는 대화가 중요하다"라고 말한다면 '대화'라는 말이 제시하는 사례나 특징을 구체적으로 상정해야 한다. 긴 문장을 제대로 이해하거나, 혹은 상대에게 전달할 때는 그 길이에 맞춘 구체적인 사고 흐름을 이해해야 한다. 이것이 바로 이 책에서 '영상으로 재현한다'라는 표현으로 다루고자 하는 내용이다.

개념의 의인화
수형도 그리기

세상에는 두뇌 회전이 빠른 사람이 있다. 그런 사람은 추상적인 개념을 술술 논할 수 있다. 그를 보면서 우리는 무심코 '굉장하다', '멋지다'라고 생각하지만, 이 시점에서는 정보가 부족하여 그가 제대로 이해하고 있는지 확인할 수 없다. 실제로는 아무 생각도 없는데 추상적인 말을 늘어놓으며 거들먹거리는 사람이 세상에는 많기 때문이다.

추상적인 말을 늘어놓는 사람에게는 "예를 들어 어떤 것입니까", "○○는 무슨 의미인가요"라고 간단한 질문을 던져본다. 그 사람의 사고가 얼마나 깊이 있는지 확인할 수 있을 것이다. 그런 질문에 이를테면 "예를 들어~", "○○라는 말은

△△을 나타내는데…"라며 곧바로 풀어 설명한다면 그는 사물을 제대로, 구체적으로 생각한 사람이다. 반대로 이런 질문에 곧바로 대답하지 못한다면 그는 이것저것 떠들고는 있지만, 사실은 제대로 생각하지 않은 사람이다. 이런 사람은 까다로운 개념이나 전문 용어만 늘어놓을 뿐, 말의 의미를 제대로 생각하지 않았다. 사고하는 훈련을 쌓아오지 않은 것이다.

그렇다면 그런 질문에 술술 설명할 수 있는 사람은 어떻게 사고하는 걸까? 추상적인 개념에 얽매이지 않고, 말의 의미를 제대로 파악하면서 사고하는 기술은 무엇일까? 한 가지 방법은 추상적인 개념을 사람에 빗대어 표현하는 '의인화' 기법을 적용하는 것이다. 의인화라고 해서 '이 개념은 틀림없이 성격이 괴팍하고, 겉보기는 이렇게 생겼고…'라는 식으로 억지로 설정에 공들일 필요는 전혀 없다. 머릿속에 개념의 수형도를 정리할 수 있으면 된다.

'앞으로의 비즈니스에 요구되는 사고는 무엇인가'라는 주제로 개념을 의인화하는 방법을 살펴보자. 토론 과정에서 '비즈니스', '예술', '철학'이라는 세 단어가 나왔다면 그 단어들이 의인화를 거쳐 이해되어야 할 대상이다.

추상적인 개념을 정리할 때는 '그 개념은 ① 무엇에 대하여(대상) ② 무엇을 한다(작용)고 가정하는가'라는 질문을 던져 개념이 맡은 '일'이나 '역할'을 명확히 이해해야 한다. 쉽게 말하면 개념을 의인화하여 정리한다. 이 질문에 ③ 무엇에 의하여(수단) ④ 무엇을 위하여(목적) ⑤ 언제(시기) ⑥ 어디에서(장소)를 덧붙이면 개념 정의가 더욱 명확해진다.

예를 들어 '철학'이라는 추상적인 개념에 대하여 '철학이란 다른 세계관을 탐구하기 위하여 상식적인 관점에 질문을 던지는 학문'이라 정의해보자. 이렇게 개념이 정의되면 '철학'이라는 추상적인 말을 논의에 끌어들일 수 있다. 예를 들어 상식적인 관점에 질문을 던지지 못하면 아무리 기발한 주장을 하더라도 '철학'이 되지 못하고, 설령 질문을 던졌다 하더라도 그것이 다른 세계관을 탐구하기 위한 것이 아니라면 역시 '철학'이 될 수 없다.

개념이 명확하게 정의되면 까다로운 문제를 다루는 논의에서 헤매지 않고 추상적인 말을 사용해 자신의 의견을 개진할 수 있다. 반대로 개념이 명확하게 정의되지 않은 채 추상적인 말을 사용하면 자신이 무슨 이야기를 하는지 스스로도 모르게 된다.

'예술'도 추상적인 말이므로 개념을 명확히 정의해야 한다. 이번에는 편의상 '예술이란 감상하는 사람에게 비언어적 방법으로 새로운 세계를 보는 관점을 제공하는 인간의 활동과 그 작품'이라 정의한다. '비즈니스'에 대해서는 '사회에 새로운 비전을 제시하면서 고객에게 상품과 서비스를 제공하고 대가를 얻는 행위'라고 개념을 규정한다. 각각의 추상적인 말이 지닌 개념이 정의되었다면 이제 그것들을 '사람'인 것처럼 개념의 수형도 안에 짜 넣는다. 앞서 내린 정의를 참고하여 각각의 인물이 맡은 '일'과 '역할'을 새롭게 정리해보자.

- '비즈니스'는 단순히 돈을 벌어들일 뿐 아니라 미래의 비전을 추구하며 일하는 것을 목표로 삼는다.
- '예술'은 눈앞의 상식에 얽매이지 않고, 보이지 않는 것을 가시화하는 힘이 있다.
- '철학'은 '질문'과 '언어화'의 힘을 통하여 지금과는 다른 세계의 존재 양상을 탐구할 수 있다.

각각의 개념이 지닌 특징이 파악되면 서로의 관계성을 정리할 수 있다. 예를 들어 '비즈니스'는 미래를 예측하기 위하여 '비전'을 추구한다. '비전'은 아직 보이지 않는 것을 본다는 의미에서 '선견'이나 '전망'을 나타내며 눈에는 보이지 않는 것이다. 이런 '비전'을 추구하는 '비즈니스'의 요구에 '예술'은 응할 수 있다. '예술'은 보이지 않는 것을 가시화하는 특별한 기능을 하기 때문이다. '예술' 덕분에 우리가 지향하

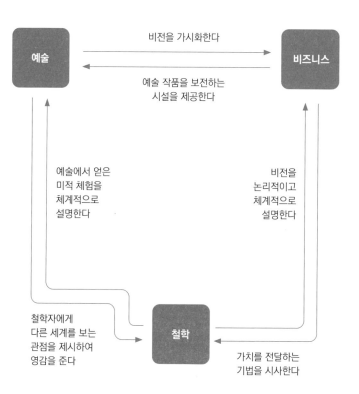

는 '비전'은 그림이나 영상 형태로 구현될 수 있다.

하지만 '비전'의 탁월한 기능을 언어적으로 (논증이라는 형식으로) 설명하는 데 능한 것은 역시 '철학'이다. '예술'과 '철학'은 사람들에게 기존 상식이나 세계관에 얽매이지 않는 상상력을 제공한다는 공통점이 있지만, '비전'을 논리적으로 설명하는 사명은 '철학'에 있다. '비즈니스'는 '예술'에서 얻은 '비전'의 매력을 주위 사람에게 설명하기 위하여 '철학'에 지원을 요청한다('예술'에서 착상을 얻었다는 점은 '철학'도 마찬가지다). 이처럼 '비즈니스', '예술', '철학'은 각기 다른 사명과 책무를 맡으면서 서로 고유한 관계를 맺는다.

이것이 추상적인 개념을 의인화하여 이해하는 예다. 나는 '비즈니스', '예술', '철학'의 관계성을 살펴보면서 '요구에 응한다', '지원을 요청한다' 등 추상적인 개념을 사람에 빗대어 설명했다. 중요한 것은 사람에 빗대어 설명하는 것이 아니라 '이 개념(사람)은 무엇(혹은 누구)이고 어떤 일을 하는 존재인가'라는 점을 명확하게 정리하는 일이다.

유사한 기능을 가진 개념이 있다면(즉 '중복'이 발견된다면) 그것을 모두 수형도에 포함시킬 필요는 없다. 반대로 필요한 기능을 가진 개념이 없다면(즉 '누락'이 발견된다면) 공백을 메울 만한 개념을 새롭게 수형도에 포함시켜야 한다. 추상적인 개념을 의인화하여 정리하는 작업의 가장 큰 장점은 의미가 모호한 개념이 맡은 '일'이나 '역할'을 정리함으로써 사고의 '중복'과 '누락'을 막고, 마치 이야기하듯 술술 추상적인 개념의 관계성을 설명할 수 있다는 점이다.

개념의 수형도를 그리는 방법은 '그래픽 레코딩'(graphic recording, 회의, 워크숍 등 다양한 입장의 사람들이 모이는 장소에서 이루어지는 논의의 내용을 그림과 글로 표현하거나 기록하는 방법 – 옮긴이)과 일맥상통하는 면이 있다. 논의 흐름을 그림이나 문자로 가시화하면 더욱 체계적으로 이해할 수 있다.

문장의 영상화
강약과 장단 조절하기

추상적인 개념은 의인화하여 이해하는 것이 논의에서 유려하게 구사하는 비결이었다. 앞에서 '수형도'라는 표현으로 설명한 '의인화' 기법이 '공간'적인 도해 방법이라면 지금부터 설명하는 '영상화' 기법은 '시간'적인 도해 방법이다. 여기서 말하는 '영상화'는 이야기 구성이나 목소리 상태로 상대에게 정황을 전달하는 기법이라는 의미다.

4장까지는 '글말'(문장어)의 방법론이 주가 되었다면 지금부터는 '입말'(구두어)의 방법론을 중심으로 설명한다. '영상'

이라 하면 보통 텔레비전이나 스마트폰에 비친 '동영상'을 떠올리지만, 여기서는 '이야기로 환기된 상상의 이미지'라는 비유적인 의미로 사용한다. 실제 영상을 제작할 수 없다 하더라도 강약을 조절하며 이야기하는 기술을 (비유적인 의미로) '영상화'라고 부른다(물론 '영상화' 비결은 실제 영상을 제작할 때도 적용된다. 그때 '영상'은 비유가 아니라 글자 그대로 '영상'을 일컫는다).

어떻게 하면 논리적으로 구성된 문장을 '영상화'할 수 있을까? 바꾸어 말해 어떻게 이야기하면 내가 말하고 싶은 내용을 상대로 하여금 생생하게 떠올리게 할 수 있을까? 문장을 영상화하는 방법은 세 단계로 나누어 생각해볼 수 있다.

이야기의 '도입'과 '결말' 구상하기

논리적으로 구성된 문장을 영상화하기 위하여 가장 먼저 해야 할 일은 이야기의 윤곽을 구성하는 '시작'과 '끝'을 정하는 일이다. 4장에서 '서론-본론-결론'의 서술 흐름을 설명했는데, 이야기의 윤곽을 구성할 때 이 흐름을 그대로 사용할 수 있다. 다만 이야기의 '시작'과 '끝'은 단순한 '서론'과 '결론'이 아니라는 점을 명심해야 한다. 이야기를 만들 때는 출발점인 '도입'과 도착점인 '결말'을 명확히 정하는 것이 중요하다.

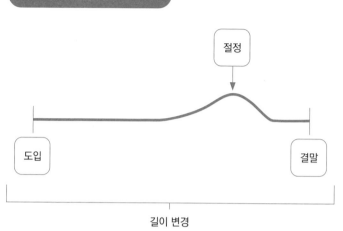

절정

도입

결말

길이 변경

'도입'은 사람들을 끌어당길 만한 이야기가 시작되는 최초의 시점을 일컫는다. 논문의 시작 부분처럼 딱딱한 문장을 들려주는 것이 아니라 눈앞에 있는 상대가 흥미를 느낄 만한 부드러운 에피소드부터 풀어놓아야 한다.

예를 들어 '앞으로의 시대에는 어떤 교육이 요구되는가'라는 화제를 말할 때, "얼마 전 대학생들이 기차역에서 '고등학교 수업 시간에 배운 건 진작에 다 까먹었지!'라며 웃고 떠드는 걸 들었는데…" 같은 친근한 에피소드를 공유하면서 이야기를 시작하는 것도 한 가지 방법이다. 일상에서 경험한 일을 소개하면 '무엇이 정말 필요한 교육인가'라는 추상적인 문제를 생각해보는 일이 얼마나 중요한지 듣는 사람이 쉽게 공감할 수 있다. 이런 이야기의 출발점이 될 만한 에피소드를 '도입'에 배치해야 한다.

'결말'은 듣는 사람의 만족도가 절정에 이르고 이야기가 마무리되는 시점이다. 예를 들어 휴먼 드라마라면 보는 사람이 감동하여 가장 가슴이 떨리는 때가 '결말'에 해당한다(실제 이야기 안에서는 작은 '도입'과 '결말'이 서로 짝을 이루며 계속 이어지겠지만, 여기서는 오직 이야기의 시작점과 종착점이 되는 큰 '도입'과 '결말'이 짝을 이룬다고 생각한다). 이를테면 '무엇이 정말 필요한 교육인가'라는 화제에 대하여 "사실 학생 스스로 (다른 학생의) 교사가 되는 것이 학습 효과가 가장 큽니다"라고 결말을 낸다면 그 의외성에 이야기를 듣는 사람 다수가 놀랄 것이다. 이런 놀라움은 그야말로 뜻밖이었다거나 좋은 이야기를 들었다는 높은 만족도로 이어진다.

이처럼 의외성을 주는 장면을 '결말'에 배치하면 이야기가 어정쩡하게 끝나버리거나 반대로 맥 빠지게 늘어지는 일을 피할 수 있다. 논리적으로 구성된 문장을 영상화하려면 먼저 '도입'과 '결말'을 정하여 이야기의 윤곽을 뚜렷하게 만들어야 한다.

이야기의 '절정' 구상하기

이야기의 출발점과 도착점을 정했다면 계속해서 그 사이를 장식하는 '절정'을 구상해야 한다. '절정'은 이야기의 폐쇄 상태가 깨지기 전 단계로서 듣는 사람이 높은 긴장감을 품고 감상하는 장면을 가리킨다(절정이 줄곧 계속되는 것은 아니므로 절정이 곧 이야기의 중간은 아니다).

'앞으로의 시대에는 어떤 교육이 요구되는가'라는 화제로 계속 이야기하면 교육에서 근본적인 딜레마에 직면하고 그것을 극복하기 위하여 온갖 고초를 겪는 장면이 '절정'에 해당한다. 예를 들어 '(교사가 학생에게 지식을 전수한다는 의미에서) 본질적으로 수동적인 학습이라는 행위를 어떻게 능동적이고 주체적인 것으로 바꿀 것인가'라는 도전 과제에 맞닥뜨리는 상황은 그야말로 알기 쉬운 절정의 하나다.

'도입'이 도전 과제에 맞닥뜨리는 발단 장면이고 '결말'이 도전 과제를 해결한 후 장면이라면 절정은 이런 도전 과제를 해결하기 직전의 클라이맥스 장면이다. 이때 도전 과제가 진지하고 심각할수록 절정의 긴장감은 고조되고 듣는 사람은 솔깃해하며 귀 기울이게 된다. 반대로 이야기의 절정이 없으면 듣는 사람은 어디에서 몰입해야 할지 모르는 채 결말을 맞게 된다.

여기서도 논문의 '본론'이 그대로 '절정'으로 완성되는 것은 아니다. 예를 들어 등장인물이 대사를 힘차게 낭독하거나 중요한 일을 말하는 장면에서 잠깐 뜸을 들임으로써 이야기의 강약과 장단을 조절할 수 있다. 이는 '본론'에서 극적인 '절정'을 끌어내는 장치가 될 수 있다. '시작-중간-끝'이라는 이야기 흐름에 대하여 각각 '도입-절정-결말'이라는 요소를 덧붙이는 것이 매력적인 영상을 만드는 과정이다.

이야기의 '길이' 구상하기

논리적으로 구성된 문장을 영상화할 때는 이야기의 '길이'를 유연하게 변경할 수 있다는 관점으로 접근해야 한다. 실제 픽션 작품에서도 그렇지만 하나의 작품이 두 시간짜리 영화로 공개되고, 10부작 드라마로 방영되며, 15분 분량의 요약판으로 소개되기도 한다. 장편 드라마처럼 길이가 길다면 이야기를 세부적으로 그려낼 수 있는 반면, 요약판처럼 길이가 짧다면 이야기에서 중요 장면만을 골라 소개하는 형태가 될 것이다.

길이를 유연하게 변경할 수 있는 것은 이야기의 윤곽이 명확하기 때문이다. 무엇이 도입이고 어디가 절정이며 어떤 결말이 준비되어 있는가. 그 골자만 제대로 잡혀 있으면 거기에 어떻게 살을 붙이느냐에 따라 이야기의 길이를 자유롭게 변경할 수 있다.

이야기의 길이를 변경하는 기술을 익히면 상황에 따라 적절하게 영상화를 할 수 있다. 예를 들어 상대가 해당 화제를 제대로 상세하게 듣고 싶어 하는 인물이라면 이야기를 길게 전달하면 되고, 상대가 성미가 급하거나 시간이 한정된 인물이라면 3분 이내로 이야기를 마칠 수 있는 요약판을 전달하면 된다.

이야기의 길이를 변경할 수 없을 때, 예를 들어 짧게 압축해야 하는데 주절주절 길게 늘어놓을 때는 말하는 사람이 논의의 골자를 제대로 정리하지 못했을 가능성이 크다. '무엇을 덜어내야 하는가?' '무엇을 잘라내야 하는가?' 스스로 이런 비판적인 사고 과정을 거치지 못했기 때문에 이야기의 길이를 변경하는 데 실패하고 만다. 길이 변경은 눈앞의 듣는 사람이 이해하기 쉽게 이야기하는 기법인 동시에 말하는 사람 자신이 이야기의 골자를 정확하게 이해하고 있는지 확인하는 시금석이 될 수 있다.

이야기화하는 힘의 두 얼굴

이야기화하는 힘은 '자기반성적인' 측면과 '타자 지향적인' 측면을 모두 가지고 있다.

자기반성적인 측면이란 이야기의 흐름을 문자나 그림으로 풀어냄으로써 사고의 누락이나 중복을 발견하는 특성을 일컫는다. 예를 들어 추상적인 개념을 의인화할 때, 각각의 개념이 어떤 관계를 맺고 있는지 정리하지 못하거나 개념이 맡은 '일'이나 '역할'을 설명하지 못한다면 그것은 애초 논리의 흐름을 구체적으로 이해하지 못했음을 의미한다. 또 추상적인 문상을 영상화할 때, 절정을 절정답게 연출하지 못하거나 이야기의 길이를 변경하는 데 실패한다면 그것도 역시 애초 논리의 골자를 이해하지 못했음을 의미한다. 이처럼 이야기화하는 능력은 실질적 사고를 할 수 있느냐 없느냐를 가늠하는 시금석이 될 수 있다.

이야기화하는 힘은 타자 지향적인 측면도 가지고 있다. 타자 지향적인 측면이란 듣는 사람을 의식하면서 문자나 그림의 변용을 취사선택하는 태도를 가리킨다. 추상적인 화제를 영상화하는 것은 사고의 깊이를 측정하는 것뿐 아니라 화제의 매력을 타자에게 전달하기 위한 목적도 있다. 말하자면 듣는 사람의 반응을 짐작하며 수행하는 의인화와 영상화 작업은 자기 사고를 타자에게 열어 보이기 위한 중요한 과정이다.

타자가 이해할 수 있는 말로 추상적인 개념이 하는 '일'이나 '역할'을 설명하거나, 추상적인 화제를 영상으로 구현하는 작업에는 타자의 특성에 맞춘 끊임없는 '패러프레이즈'(paraphrase, 환언, 다른 말로 바꾸어 표현하는 것 - 옮긴이) 과정이 필요하다. 말하자면 이야기화하는 힘은 가장 구체적인 방식으로 실행되는 패러프레이즈 능력이다. 패러프레이즈 작업이야말로 자신의 이해가 구체성을 갖는지 아닌지를 판단하는 시금석인 동시에, 자기 의견을 특정 타자에게 적합한 방식으로 설명하는 데 필요한 과정이다.

이처럼 자기반성적인 측면과 타자 지향적인 측면을 모두 가지고 있는 이야기화하는 힘은 원리 편과 응용 편을 연결하는 마디를 이룬다. 이야기화하는 힘이 가진 자기반성적인 측면은 질문력(1장) · 분절력(2장) · 요약력(3장) · 논증력(4장)의 깊이를 측정해주며, 타자 지향적인 측면은 대화적 사고의 정신(6장 · 7장 · 8장)으로 고스란히 이어진다. 이런 면에서 이야기화하는 힘은 원리 편을 완결하는 동시에 응용 편을 시작하는 중요한 위치에 있는 지적 사고법이다.

2부

응용 편

배움의 깊이를 더하는 대화적 사고

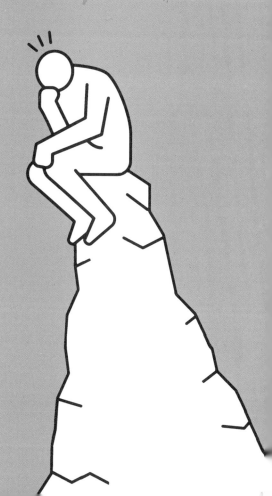

윤리와 논리, 그리고 대화

타자와의 대화는 사실 매우 어려운 일이다. 세심하게 주의를 기울이지 않으면 타자에게 상처를 주게 되고, 자신 또한 타자에게 상처를 받는다. 대화를 중시하지 않는 의사소통은 억압적이기 쉬우며, 대화를 중시한다고 해서 의사소통이 반드시 자유롭고 활발하며 생산적인 것은 아니다. 타자와의 대화는 우리가 생각하는 것 이상으로 바늘구멍에 실을 꿰듯 섬세한 작업이다.

'그렇게 힘든 대화를 군이 할 필요가 있을까', '대화 따위 필요 없지 않나'라며 의문을 품는 사람도 있을 것이다. 그러나 두 가지 이유에서 타자와 대화를 나누는 일의 중요성은 갈수록 커지고 있다.

하나는 다양성이 존중되는 사회에서 타자와 윤리적인 관계를 맺기 위해서다. 여기서 '윤리적'(ethical)이란 서로 다른 배경을 가진 상대에게 경의를 표하고 배려하며 마음을 쓰는 태도를 의미한다. 타자와 윤리적인 관계를 맺으려면 다양한 의견을 가진 사람들과 대화를 나누는 데 필요한 지적 토양을 다져야 한다. 이때 필요한 것이 대화적 사고 기술이다. 대화는 다른 의견을 접하고 다양성을 지키는 데 필요한 윤리적 행동(activity)이다.

다른 하나는 '불확실성의 시대'라고 불리는 오늘날, 유연한 사고방식을 유지하기 위해서다. 독단적이고 독선적인 사고 습관을 고집하면 끊임없이 새로운 상식과 교양을 흡수해야 하는 시대 흐름에 유연하게 대응할 수 없다. 한 치 앞을 내다볼 수 없는 시대이기에 더욱 타자의 시각을 흡수하여 유연하게 사고를 확장해나가야 한다. 이때 필요한 것이 대화적 사고 기술이다. 대화는 독단적이고 독선적인 사고의 틀을 깨고 독창적인 시각과 통찰력을 발휘하는 데 필요한 논리적 행동이다.

'윤리'와 '논리'라는 두 가지 이유로 갈수록 대화의 중요성이 강조될 것이다. 이 책에서는 생산적이고 원활한 방식으로

왜 대화가 필요한가

윤리적인 이유
다양성이 존중되는 시대를 살아가기 위하여

논리적인 이유
불확실한 시대 흐름에 대응하기 위하여

여기서 요구되는 것이 '대화적 사고'

대화하는 데 필요한 사고방식을 '대화적 사고'라고 부른다.

　대화적 사고를 익히고 타자와 대화하는 것은 '탐구를 위한 공부'의 힘을 기르는 데 매우 중요한 역할을 한다. 앞서 이야기했듯, 타자와의 대화는 혼자서 공부하는 사람이 독단적이고 독선적인 사고에 빠지는 사태를 막아주기 때문이다. 대화의 자리, 그리고 대화에 참여하는 복수의 타자는 자기 공부를 더욱 풍성하게 만들어주는 존재다. 이런 의미에서 대화적 사고는 혼자서 공부하는 사람이 반드시 익혀야 할 사고법 중 하나다.

소크라테스식 문답법의 문제점

　'철학×대화'라고 하면 고대 그리스 철학자 플라톤의 저서 『대화편』에서 활약하는 소크라테스를 떠올리는 사람이 많겠지만, 이 책에서는 소크라테스식 문답법과는 다른 '대화' 모델을 제창한다. 플라톤의 『대화편』에서는 상대에게 의도를 전달하지 않은 채 질문 공세를 퍼붓거나(예를 들어 소크라테스와 테아이테토스의 대화를 통하여 '앎이란 무엇인가'를 다루는 『테아이테토스』186a~187a(플라톤의 저작을 학문적으로 인용할 때는 보통 '스테파누스 번호, 혹은 스테파누스 쪽수'라고 하는 만국 공통의 고유 번호를 쓰는데, 이는 16세기 인쇄업자 스테파누스가 플라톤의 저작을 편집하며 붙인 숫자와 알파벳의 표기에서 비롯되었다 – 옮긴이)), 자신의 의견을 계속 주장하는(예를 들어 소크라테스와 메논의 대화를 통하여 '탁월함이란 무엇인가' 다루는 『메논』 88d~90b) 소크라테스의 모습이 종종 묘사된다. 현실 세계에서 이런 태도를 그대로 실천한다면 대화 자리에 요구되는 심리적 안전성을 해칠 수 있다.

분명 소크라테스는 진리를 탐구하기 위하여 타자와 대화를 나누는 과정에서 상대가 안이하게 이해한 부정확한 테제를 논박하고, 지의 아포리아(aporia, 대화법을 통하여 문제를 탐구하는 도중에 부딪히는 해결할 수 없는 난제. 원래 통로가 없는 막다른 길을 뜻한다 – 옮긴이)가 놓인 구도를 올바르게 간파하려 했을 것이다. 하지만 이런 자세로는 신뢰 관계를 쌓고 대화를 지속하기 어렵다. 대화에 내재한 억압과 폭력 가능성에서 주의를 돌려 서로 배려하는 대화의 본보기를 마련하고 사회적으로 공유해야 한다. 그런 대화의 본보기를 마련하는 데 유용한 도구가 '대화적 사고'다.

이어지는 세 개의 장에서는 어떻게 하면 대화적 사고를 익히고 실천할 수 있는지 설명한다. 참고로 이 책에서는 대화하는 사람끼리 서로 안면이 있다고 가정한다. 애초에 익명의 관계에서 성실한 대화를 하기란 어렵기 때문이다. 익명이라면 자기 형편이 불리할 때 쉽사리 상대를 매도하고 도망칠 수 있다. 이런 비대칭적 관계에서 공평한 관계성이 전제되는 대화를 나누기란 구조적으로 무리가 있다.

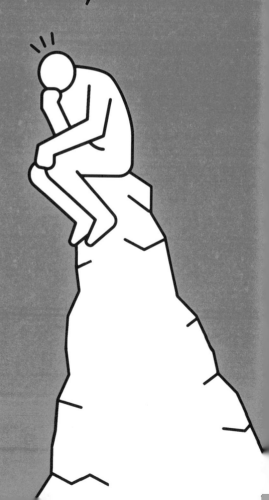

6장

질의하는 법
질문으로 타자에게 다가가기

대화란 부하를 거는 행위

타자와 의사소통을 할 때면 어김없이 경험하는 일이 있다. 바로 자신과 다른 타자의 의견과 맞닥뜨리는 경험이다. 우리 인간은 유한한 존재인 까닭에 무언가를 사고할 때마다 어김없이 문화적·역사적 제약을 받은 관점을 선택할 수밖에 없다. 각자가 짊어진 문화와 역사가 상이하면 그 영향으로 세상을 보는 관점도 당연히 다르다. 예를 들어 '폭력은 안 된다'라는 주장에 동의하는 사람도 '어디까지가 정당화되는 폭력인가'라는 주제에는 의견이 갈린다. 이럴 때 어떻게 대처해야 할까?

자신과 다른 의견과 맞닥뜨리면 가장 먼저 상대에게 위화감을 느낄 것이다. 자기 안에서 '왜 그렇게 생각할까'라는 의문이 싹트고, 자신과 의견이 다른 사람의 이야기를 듣는 데 스트레스를 받는다. 이는 이성이 아니라 감정이 우리 정신을 채우고 있는 상태다. 상대와 비슷한 환경에서 살아가지 않는 한, 우리는 이런 종류의 스트레스에 자주 맞닥뜨리게 된다.

문제는 이렇게 부하가 걸리는 대화 상황에서 어떻게 행동해야 하느냐는 것이다. 처음부터 상대를 부정하는 말을 삼가는 것이 무엇보다 중요하다. 자신과 다른 의견과 맞닥뜨릴 때, 우리는 무심코 "그렇게 생각하지 않습니다", "그것은 아니라고 생각합니다"라는 식으로 상대를 부정하는 감정을 전하기 쉽다. 이는 두 가지 이유로 문제 있는 사고라고 할 수 있다.

우선 처음에는 상대의 의견에 동의하지 못했다고 하더라도 상대의 이야기를 듣는 동안 점점 자신의 의견이 바뀔 수 있기 때문이다. 두 가지 관점이 교차하면서 새로운 발상이 떠오르는 일도 드물지 않다. 이런 생산적인 논의가 이루어질 가능성을 단번에 없애버릴 수 있는 것이 입을 열자마자 부정문을 내뱉는 행위다.

그뿐 아니다. 만약 자신의 주장은 이치에 맞고 상대의 주

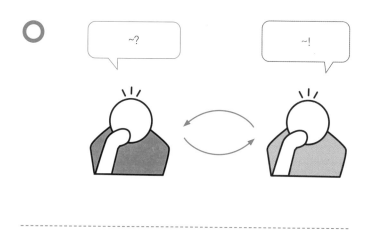

질문으로 대화에 활기를 불어넣는다
(부정문으로 시작하면 그 순간 대화가 끝난다)

장은 모순이 있다고 논파했다고 하자. 그 순간 자신은 기분이 날아갈 듯 상쾌하겠지만, 눈앞에 있는 상대는 마침 주위 사람의 시선이 모두 집중된 상황에서 보란 듯 체면을 구기게 된다. 상대는 자신의 인격 자체를 부정당한 기분이 들고 노여움과 불만을 품게 될 것이다. 이쯤 되면 이미 차분한 대화는 물 건너가고 극심한 논쟁에 빠지게 될 수 있다. 이런 사태를 피하기 위해서라도 대화 자리에서 처음부터 부정문을 내뱉는 일은 삼가는 편이 좋다.

그러면 대화 자리에서 자신과 다른 의견을 접할 때는 어떤 말부터 꺼내야 할까? 우선 부정문보다 의문문으로 대화를 시작하는 것이 좋다. 자신과 다른 의견을 접할 때면 우리는 머릿속에서 '왜 그렇게 생각할까'라는 의문을 품기 마련이다. 만약 그렇게 느꼈다면 순수한 마음으로 그 감정을 말로 상대에게 전하면 그만이다.

왜 그렇게 생각하느냐며 따지듯 반박하는 것은 바람직하지 않다. 자칫 잘못하면 회의적인 말투로 악의적인 감정이 고스란히 담긴 의문을 전달하기 쉽기 때문이다. 예를 들어 "정말로 그게 옳다고 생각하십니까?"와 같은 말투는 자신이 품은 의문이 제대로 전달되기 어렵다. 악의적인 감정을 실어 거칠게 되묻는 방식은 질문의 내실로서도, 질문의 발화로서도 부적절하다.

진의 확인하기
어떤 이미지를 상상하는가

입을 열자마자 나오는 부정문은 구체적으로 어떤 형태의 의문문으로 대체해야 할까? 1장 '질문을 끌어내는 힘'에서 소개한 질문 유형을 참고하면 원활하게 대화를 시작할 수 있다. 대화적 사고에 특히 효과적인 것은 '판단의 구체성'을 탐구하는 질문이다. 이런 질문은 눈앞의 상대에게 직접 답을 들을 수 있으므로 상대가 주장하는 바의 진의를 파악하는 데 도움이 될 수 있다. 다음 세 가지 질문이 그것이다.

- 그것은 예를 들어 어떤 사태를 상정하고 있는가?(사례의 구체성)
- ○○라는 말은 무엇을 의미하는가?(정의의 구체성)
- 무엇을 계기로 그렇게 생각하게 되었는가?(근거의 구체성)

대화를 나누다 상대의 주장에 위화감을 느낄 때는 먼저 이 세 가지 구체성에 관한 질문을 던져 본다.

첫 번째 질문은 '사례의 구체성'을 묻는 것이다. 5장 첫머리에서도 언급했는데, 말이란 본래 추상적이다. 아무리 구체적으로 이야기하려 해도 말로 하는 설명에는 늘 모호한 구석이 있다. 특히 구두로 진행되는 대화에서 하고 싶은 말을 남김없이 전달하기란 어렵다.

　누군가와 말을 주고받을 때 한 사람만 줄곧 이야기하는 것은 의사소통 실패의 전형적인 예다. 그런 까닭에 어느 정도 간략하게 정리된 의견을 상대에게 전달해야 한다. 그런데 이 의견을 간략하게 정리하는 과정이 종종 오해의 씨앗이 움트는 주범이 되므로, 상대가 염두에 두고 있는 사례를 구체적으로 확인하면 상호 이해를 촉진할 수 있다.

　가령 '게임은 교육에 좋지 않다'라고 주장하는 사람이 있다고 하자. 이 주장에 찬성 의견을 밝히거나 반대 의견을 부르짖기 전에 일단 '예를 들어 어떤 사태를 가정하고 있느냐'라고 상대에게 질문을 던져 본다. 어떤 말에서 받아들이는 이미지가 사람마다 다르면 대화가 어긋나기 마련이지만, 표면상으로는 대화가 이루어지는 것처럼 보일 때가 있다.

　'게임은 교육에 좋지 않다'라고 주장하는 사람은 '아이가 게임을 계속하는 탓에 숙제를 하지 않는다'라든가 '폭력적이거나 성(性)적인 묘사가 담긴 게임을 하면 아이의 정신 건강에 악영향을 미친다'라는 사례를 가정하고 있을지도 모른다. 이처럼 상대가 염두에 두고 있는 사례를 확인하면 '전자의 사례에는 반드시 동의할 수 없지만, 후자의 사례에는 동의할 수 있다'라고 응답할 수 있다(이는 전면적인 찬성도 전면적인 반대도 아니다).

실제로 '게임 때문에 아이가 숙제를 하지 않는다'라는 인식은 '학교가 내주는 숙제 자체에 어떤 문제가 있다'라는 문제를 인식할 여지를 가릴 수 있다('아무리 대충 낸 숙제라도 숙제는 해야 한다'라는 명령은 억지다).

하지만 '게임을 통하여 폭력적이고 성적인 체험을 하면 아이의 정신 건강에 좋지 않다'라는 논점은 찬성할 수 있다(물론 이런 논점은 게임뿐 아니라 만화나 영화나 애니메이션에도 적용되는 것이다). 우리는 상대가 가정하고 있는 사례를 확인함으로써 '어느 부분은 이해할 수 있고, 어느 부분은 논의의 여지가 있는가'에 대하여 심도 있는 대화를 나눌 수 있다.

두 번째 질문은 '정의의 구체성'을 묻는 것이다. '게임은 교육에 좋지 않다'라는 예를 계속 살펴보자. 대화 장면에서 두 번째 질문을 활용한다면 '게임'이라는 말이 예컨대 무엇을 의미하느냐고 상대에게 질문할 수 있다.

실제로 '게임'이라는 말은 여러 가지 의미가 있다. 예를 들어 〈슈퍼 마리오〉나 〈젤다의 전설〉 등 많은 사람이 떠올리는 '게임'은 '비디오 게임'으로 분류되는 것이다. 그러나 '게임'이라는 말에는 체스나 장기 같은 '아날로그 게임'도 포함된다. 이 경우 '게임은 교육에 좋지 않다'라고 주장하는 사람도 '아날로그 게임 자체는 오히려 교육에 좋을지도 모른다'라고 의견을 수정할지도 모른다.

요즘에는 동서고금의 아날로그 게임을 모은 〈51 월드와이드 게임즈(51 Worldwide Games)〉라는 비디오 게임까지 판매되고 있다. 아날로그 게임의 교육적 효용을 인정한다면 〈51 월드와이드 게임즈〉 같은 비디오 게임의 교육적 효용도 인정할 수 있지 않을까? 지면 관계상 여기서 논의를 멈추지만, '게임은 교육에 좋지 않다'라는 주장 하나로 이토록 정교하고 치밀하게 의견을 교환할 수 있다. 이런 대화는 처음부터 상대 의견을 부정하면 이루어지지 않는다.

세 번째 질문은 '근거의 구체성'을 묻는 것이다. 우리 인간은 지금까지 쌓아온 경험을 바탕으로 판단을 내리는 생물이므로 저마다 어떤 판단 패턴을 만드는 내력을 가지고 있다. 그런 판단의 계기를 솔직히 상대에게 묻는 것은 상호 이해를 촉진하는 매우 효과적인 수단이다. '하긴 나도 같은 상황에 놓였더라면 똑같이 생각할지도 모른다'라고 깨달을 가능성이 있다.

우리는 대개 '정신의 경향성이 전혀 다르므로 사고방식이 상이하다'라기보다 '지금까지 쌓아온 경험이나 연루된 사회적 상황이 일치하지 않기 때문에 사고방식이 다르다'라고 할 수 있다.

'게임은 교육에 좋지 않다'라고 말한 사람이 사실은 비디오 게임에 엄청나게 몰입했던 사람일 가능성이 있다. 비디오 게임은 기억력이나 전술을 펼치는 사고력, 일종의 손재주를 향상시킬 수 있다. 하지만 비디오 게임만 계속하면 교육적 효용도 한쪽으로 치우치고 만다. 그 사람은 실제로 이런 경험을 했기에 더욱 '종합적으로 볼 때 게임만 해서는 교육에 좋지 않다'라고 주장할 가능성이 있다.

이처럼 판단의 이면을 살피면 '하긴, 그 주장도 일리가 있어'라며 상대의 의견에 수긍할 수 있다. 이때 질문하는 사람도 "나는 비디오 게임에도 교육적 효용이 있다고 본다. 예를 들어 옛날에…"라는 식으로 자기 경험을 상대에게 전달하면 좋다. "그런 경험을 했다면 확실히 그렇게 생각할 수 있다"라는 식으로 상대의 이해를 끌어낼 가능성이 있다. 서로 판단의 근거를 공유하다 보면 다양한 각도에서 비디오 게임을 둘러싼 대화를 나눌 수 있다.

본심 간파하기
어디에나 두루 적용되는가

대화를 나누다 상대의 주장에 위화감을 느낄 때 처음부터 상대의 주장을 부정하기보다 질문을 던져 보는 것은 대화의 철칙이라 할 수 있다. 앞서 '판단의 구체성'을 묻는 세 가지 질문을 응용하는 패턴을 설명했는데, 이번에는 '판단의 보편성'을 묻는 질문을 응용하는 패턴을 소개한다(특히 '그것은 정말 다른 모든 상황에 적용되는가'라는 질문이 효과적이다). 이는 사안의 본질을 다룬 근본적인 질문을 던져 상대의 본심을 간파하는 방법이다.

예를 들어 '대학은 꼭 가는 편이 좋다'라고 주장하는 사람이 있다고 하자. 이 주장에 위화감을 느낄 때, "저는 딱히 그렇게 생각하지 않습니다"라고 상대의 의견을 부정하기 전에 근본적인 질문을 던져 본다. 예를 들어 "대학이라면 어디든 좋다는 말씀이신가요", "의욕이라고는 찾아볼 수 없는 교수가 강의하는 대학이라도 괜찮습니까"라고 질문하는 것이다.

이런 근본적인 질문을 던지면 상대는 "딱히 그런 말은 하지 않았습니다"라고 대답할지도 모른다. 만약 그렇다면 그것은 처음의 '대학은 꼭 가는 편이 좋다'라는 의견을 수정한다는 의미다. 그런 경우 그 사람은 '대학에서 얻는 무언가'에 가치를 둔 것이지 '대학에 가는 것' 자체를 장려하지 않는다고 볼 수 있다. 만약 그 사람이 가치를 둔 것이 '질 좋은 강의'라면 상대와 의견 일치를 이룰 가능성이 열린다. '질 좋은 강의는 좋다'라는 의견은 누구나 공감할 수 있기 때문이다. 거기서부터 시작해 '그러면 어떤 강의가 좋은 강의인가'라는 화제로 대화를 발전시킬 수 있다.

그 사람이 대학 강의가 아니라 대학이라는 환경에 뒤따르는 요소에 가치를 둘 가능성도 있다. 예를 들어 '도서관 이용'이나 '동아리 활동'이 그것이다. 만약 그렇다면 "대학생과 똑같은 체험을 할 수 있는 환경이 대학 밖에 있다면 어떻습니까"라고 질문해볼 수 있다. 실제로 도서관이나 동아리에서 얻을 수 있는 체험은 꼭 대학에 다니지 않더라도 맛볼 수 있기 때문이다. 이렇게 생각하면 '대학에 다녀야만 얻을 수 있는 체험'의 범위는 점점 좁아진다. 즉 대학에서 얻을 수 있는 체험을 여러 외부 활동으로 대체할 수 있다면 적극적으로 대학에 가야 할 이유도 줄어든다.

여기서 보여주고 싶은 것은 사안의 본질을 다룬 근본적인 질문이나 복수의 사고 실험을 제시함으로써 '그렇게까지 특별한 의미는 아니었다'라는 상대의 본심을 간파할 수 있다는 점이다. 사람은 어떤 구체적인 사례나 장면을 상상하며 특정한 화제를 이야기하곤 한다. 이때 상정된 범위의 극단에 있을 법한 가설을 제시하면 '하긴, 그렇게 생각하면 앞의 의견은 어느 정도 수정될 수도 있지'라는 깨달음을 상대에게 줄 수 있다. 이런 발상은 1장에서 소개한 '판단의 보편성'을 묻는 질문을 응용함으로써 얻을 수 있다. 첫 질문으로 이후 대화를 더욱 풍성하게 만드는 것도 하나의 요령이다.

질문이 되지 않는 질문 피하기
말투 하나 바꿨을 뿐인데

지금까지 질문의 내실에 대하여 살펴봤다면 이제부터는 질문의 발화를 주제로 이야기해보자. 실제로 상대에게 의문 나는 점을 물을 때는 억양에 주의해야 한다. 억양을 잘못 처리하면 상대에게 '질문이 되지 않는 질문'을 던지는 사태가 벌어진다.

예를 들어 부모가 아이에게 왜 숙제를 하지 않았느냐고 묻는 장면을 상상해보자. 당신이 상상한 부모는 이 대사를 어떤 식으로 말했을까? 아마 노여움이 섞인 목소리로 따끔하게 쏘아붙이는 모습을 떠올린 사람이 많을 것이다. 혹은 무서우리만치 담담한 목소리로 말하는 부모를 상상한 사람이 있을지도 모른다.

전자는 글말로 표기하자면 "왜 숙제를 안 했어!"가 될 것이다. 이는 아이의 의도를 물어보는 의문의 문장이 아니라 아이가 잘못했다고 간접적으로 꾸짖는 비난의 문장이다. 반면 후자는 글말로 전달하기 어렵지만 "왜 숙제를 안 했지"가 될 것이다. 여기서 핵심은 단순히 물음표가 붙지 않는, 즉 문장 끄트머리에서 억양이 내려가는 것이 아니다. 이런 말투는 자칫 문장의 첫머리에 강세가 실릴 우려가 있다. "왜 숙제를 안 했지"라는 문장을 예로 들면 '왜' 부분에 강세가 실리게 된다.

이처럼 문장 첫머리에 강세가 실리면 아무리 문장 끄트머리를 올려도 노골적으로 상대를 비난하는 의도가 담긴 문형이 된다. 실제로 이렇게 말하는 사람은 상대에게 순수하게 의문을 표하는 것이 아니라 "왜 숙제를 안 했어? 하면 그만이잖아. 왜 이런 것도 못 하는 거야. 알아서 좀 해"라는 일련의 비난을 에둘러 전달하는 것이다.

개중에는 '말투 따윈 아무래도 좋다. 내용이 옳다면 어떻게 말하든 받아들여야 한다'라고 생각하는 사람이 있을지도 모르지만, 전혀 그렇지 않다. 말투 하나로 의문문은 제 역할을 못 하게 된다.

실제로 대화할 때 이런 '질문이 되지 않는 질문'을 내뱉는 사람이 너무 많다. 비난하는 말투로 질문을 던지면 상대를 몰아세우게 된다. 게다가 대화할 때 질문을 던지는 말투로 부적절한 이야기를 계속하면서도 '나와 대화해달라', '대화의 자세를 저버리지 말라'라고 상대에게 책임을 전가하는 사람마저 있다. 의도적으로 비난하는 말투로 질문을 던지는 사람이라면 논외로 하지만, 사리 분별없이 그런 식으로 말하는 사람이라면 상황에 맞게 발화하는 화법부터 유의해야 한다.

앞의 예에서는 '문장 첫머리에 강세를 두지 않는다', '문장 끄트머리에서 억양을 올린다'라는 두 가지 포인트를 지적했는데, '연속으로 질문하지 않는다'도 놓쳐서는 안 된다. 2부 첫머리에서도 지적했지만, 예를 들어 소크라테스처럼 질문 공세를 퍼부으면 상대가 지치게 된다. 이는 의견을 주고받는 대화에서 적절하지 않은 태도다. 상대에게 질문을 던져 답을 들었다면 이번에는 이쪽이 상대의 질문에 답할 차례다. 뒤에서 다루겠지만, 대화는 공평해야 한다.

실제로 대화할 때 자기가 어떤 식으로 말하는지 녹음을 해서 들어보면 좋다. 자기 목소리야 당연히 자신에게는 익숙한 것이지만 그 목소리가 타자의 귀에 닿을 때 의외로 무례하거나 억압적인 음색이 되기도 한다. 타자의 입장에 선다는 점을 중시한다면 더욱 대화할 때 자신의 말투나 태도를 점검해 보아야 한다(참고로 나는 줌(Zoom)으로 하는 강의를 녹화해두었다가 나중에 시청하면서 내 말투를 점검하곤 한다).

어떤 사람과도 대화하는 법

지금까지 설명한 대화적 사고법에 대하여 "내가 다니는 직장에서는 활용할 수 없다", "내가 대화하고 싶어도 상대에게 그럴 의사가 없다면 무리 아닐까"라고 말하는 사람도 있을 것이다. 그런 상황에 대처하기 위하여 마지막으로 생산적이고 원활한 대화의 조건을 살펴본다.

대화의 조건 1_ 신뢰 관계를 유지한다

대화의 첫 번째 조건은 '서로 신뢰 관계를 유지한다'라는 것이다. '이 사람은 나를 공격하려고 이런 말을 하는 건 아니다', '이 사람이 그렇게 함부로 말할 리 없다'라고 상대를 신뢰하는 것이 대화가 성립하는 첫 번째 조건이다. 이런 신뢰 관계가 없으면 '이 사람은 내 인격을 공격하고 싶은 게 아닐까'라는 의심이 생겨 대화를 지속할 수 없다.

중요한 것은 '이런 신뢰 관계를 어떻게 유지할 수 있는가'라는 점이다. 처음 만나는 사람과 대화할 때 성악설의 관점을 취하지 않는 한, 이유 없이 상대를 수상쩍게 여기는 사람은 없을 것이다. 서로 상대에게 경의를 표하는 언행과 태도를 보인다면 당장은 그날 대화하는 데 충분한 신뢰 관계를 유지할 수 있다(바꾸어 말해 일반적으로 예의에서 벗어났다고 여기는 언행이나 태도를 보이면 대화의 기반이 무너지고 만다).

인터넷상에서 익명의 인물과 나누는 대화는 여차하면 상대를 매도하고 관계를 망치는 수단을 쓸 수 있으므로 실명의 사람과 나누는 대화보다 그 위험성이 배가된다. 괜히 쓸데없이, 혹은 기선을 제압하기 위하여 무례한 말을 던지는 사람도 있는데, 그런 사람과 대화하는 것도 간단하지 않다. 그런 부류의 사람들은 의문문을 던지는 방식도 적절하지 않아 상대의 심기를 거스르는 말을 일삼기 쉽다.

나는 그런 사람과도 대화해야 한다고 주장하고 싶지는 않다. 대화란 두 사람 이상이 함께하는 공동 작업이고, 상대에게 건전한 대화를 할 의사가 없다면 대화라는 활동을 실천할 수 없기 때문이다(대화를 포기하는 거냐며 질책할 수 있지만, 그렇지 않다. 이런 상황에 대처하기 위한 대책은 세 번째 조건에서 소개한다). 대화가 성립되는 조건으로 가장 중요한 것은 무엇보다 '심리적 안전성'이다.

대화의 조건 2_ 인내심을 갖는다

대화의 두 번째 조건은 '인내심을 갖는다'라는 것이다. 대화는 단정적인 말투로 연설을 하는 자리가 아니므로 잠정적으로 결론이 나기까지 종종 시간이 걸린다. 그때 인내심이 부족한 사람은 일방적으로 자기 의견의 우위성만을 주장하거나 시간 낭비라며 대화 자체의 가치를 부정하는 경향이 있다. 대화할 때는 서로에게 신뢰가 있어야 할 뿐 아니라 신중하게 이야기의 맥락을 따라갈 수 있는 인내심이 필요하다.

이런 인내심은 기분 문제만으로 해결할 수 있는 것이 아니다. 실제로 대화란 결코 난이도가 낮지 않은 활동이다. '지금 무엇이 문제가 되고 있는가?' '상대의 의견과 내 의견이 겹치는 부분과 어긋나는 부분은 어느 대목인가?' '왜 이런 의견 차이가 생기는가?' … 이런 점을 생각하면서 차분하게 대화의 동향을 지켜보아야 한다.

　그런 면에서 대화란 지적 과부하가 걸리는 행위라고 할 수 있다. 말하자면 대화란 상대와 공동으로 수행하는 논리적 사고다. 이유를 불문하고 대화에는 일정한 수준의 논리적 사고가 필요하다. 그렇다고 '대화는 선택받은 소수만이 하면 된다'라는 의미는 아니다. 대화는 지적 과부하가 걸리는 활동이므로 일상적으로 논리적으로 대화하는 훈련을 거듭해야 한다는 말이다.

　흔히 일본에는 건전한 대화 문화가 뿌리 내리지 못했다고 하는데, 일상적으로 이런 대화 훈련을 할 자리가 매우 적은 데서 비롯된 현상이다. 나는 중고생의 철학 대화 자리에 진행자로서 종종 참석하는데, 그런 자리에서도 아이들이 거의 아무 말도 하지 않는 광경을 종종 보았다. 마치 수영할 줄도 모르는 아이들을 별안간 수영장으로 밀어 넣은 듯한 모습이었다.

　반대로 학교 공부를 잘하지 못하더라도 철학 대화 자리에서 활기차게 자기 의견을 말할 줄 아는 아이들도 많다. 이는 그 아이들이 대화법을 조금씩 배우고 있기 때문이다. 아이들은 차분히 상대의 의견에 귀를 기울이고 거기에 자기 경험이나 생각을 덧붙임으로써 처음에는 예상하지 못한 사고방식과 만난다. 그들은 그런 체험을 쌓아가면서 타자와의 대화라는 활동을 자연스럽게 수행하게 된다. 이는 성적으로 측정할 수 없는 대화적 지성의 출현이다. 이런 자리를 학교 교육 현장이나 가정, 혹은 친구 사이 의사소통을 위하여 마련한다면 차츰 대화가 성립하는 데 필요한 지적 인내심을 기를 수 있다.

대화의 조건 3_ 제삼자가 지켜보는 대화 환경을 갖춘다

대화의 세 번째 조건은 '제삼자가 지켜보는 대화 환경을 갖춘다'라는 것이다. 이는 심리적 안전성을 이야기한 첫 번째 조건과도 관련이 있다. 제삼자가 지켜보지 않는 일대일 상황에서 대화할 때는 서로가 가진 힘의 차이가 노골적으로 반영되기도 한다(말하자면 '알아서 굽히는' 일이 벌어진다).

서로의 관계가 지극히 평등하다면 더없이 좋겠지만, 대개 어떤 의미로든 한쪽이 우위를 차지하고 만다. 이런 상황에서 건전한 대화를 나누려면 역시 (되도록 복수로) 제삼자의 눈이 있는 것이 바람직하다. 제삼자가 지켜보면 일상적으로 부적절한 말을 내뱉는 사람도 언행이나 태도를 개선할 가능성이 크다. 누군가가 지켜보더라도 부적절한 언행이나 태도를 보인다면 제삼자를 '증인'으로 삼아 적합한 사람에게 상담할 수 있다. 그 상황에서 일어나는 문제를 주위 사람과 공유함으로써 사태를 해결할 길이 열리게 된다. 이처럼 유사시 안전망의 존재가 대화가 성립되는 중요한 조건이 된다.

대화를 나누며 상대의 주장을 경청하는 과정에서 지금까지 보이지 않았던 구조적 문제가 드러나기도 한다. 이를테면 대화 중에 '사실은 그것이 이 사람에게 가장 큰 스트레스가 될 만한 제도였다'라는 사실이 판명될지도 모른다. 만약 그렇다면 현재의 구조 자체를 바꾸어나가는 방향으로 대화를 나눔으로써 지금까지 부적절한 언행이나 태도를 보였던 사람도 행동거지를 바로잡을지도 모른다. '왜 그 사람이 그런 부적절한 언행과 태도를 보이게 되었는가'라는 문제의 원인을 밝힘으로써 서로 화해할 가능성을 만들어나가는 것도 하나의 요령이다.

지금까지의 논의를 한 문장으로 정리한다면 '질문으로 타자에게 다가간다'가 될 것이다. 질문은 타자를 처음부터 부정하는 것도, 그렇다고 아무 생각 없이 긍정하는 것도 아니다. 질문이란 가능성을 열어두고 타자와의 대화를 유도하는 중요한 언어 작용이다. '논쟁은 전쟁이다'라는 유명한 비유가 있지만, 대화란 전쟁도 일대일로 이루어지는 결투도 아니다. 대화는 어려운 도전 과제를 상대로 펼치는 팀전이다. 이번 장에서 설명한 것은 그런 팀전에 참가하는 데 필요한 '대화적 사고'의 첫 단계다.

대화적 사고를 익히고 실천하는 첫 번째 단계가 질문으로 타자에게 다가서기였다면, 두 번째 단계는 호의적 해석으로 타자의 사고를 이해하는 일이다. 호의적 해석(charitable reading, 타자의 논증을 재구성할 때, 혹은 타자의 주장을 해석할 때, 타자의 관점에서 최대한 호의적으로 검토해야 한다는 '자비의 원칙(principle of charity)'와 같은 의미로 쓰는 표현이다 – 옮긴이)은 철학 현장에서 자주 사용되는 독해 방법으로 생산적이고 원활한 논의를 돕는 탁월한 대화적 사고법이지만, 아직 널리 보급되지 않았다.

대화적 사고의 첫 번째 단계에서 '질문을 끌어내는 힘'을 응용했다면 두 번째 단계에서는 '분절하는 힘', '요약하는 힘', 그리고 '논증하는 힘'을 응용한다.

호의적 해석이란 무엇인가

호의적 해석은 많은 철학 연구자가 문헌을 읽을 때 실제로 사용하는 독해 방법이다. 철학 연구 영역에서는 비교적 주류에 해당하는 사고방식이지만, 명확하게 정해진 방법은 없다. 드물게도 교토대학 다나카 잇코(田中一孝) 선생이 일본국립교육정책연구소에서 〈철학 교육에서 학습 성과란 무엇인가: 철학 분야에서 지식 공동체의 가능성〉이라는 주제로 열린 강연에서 '호의적 해석'에 대하여 다음과 같이 밝힌 바 있다.

호의적 해석이라 하면 단번에 개념이 와 닿지 않을지도 모르지만, 우리 철학자가 텍스트를 읽을 때 중시하는 자세를 일컫는 말입니다. 우리는 종종 텍스트를 비판적으로 읽는다고 하지만, 꼭 비판하기 위해 읽는 것은 아닙니다. 그보다는 상대의 주장에 결점이 있다면 그 결점을 보완하고, 이점이 있다면 그 이점을 배가할 수 있는 방식으로 읽습니다. 상대의 논의가 더욱 완전한 것이 될 수 있도록, 그리고 논의를 발전시키는 데 도움이 될 수 있도록 읽는 방법이 호의적 해석입니다.

다나카 선생이 이야기했듯, 호의적 해석이란 '상대의 주장에 결점이 있다면 그 결점을 보완하는' 독해 방법을 말한다. 나는 다나카 선생이 말하는 '호의적 해석' 관점이 시사하는 바를 받아들여 이 독특한 독해 방법의 포인트를 세 가지로 나누어 설명하고자 한다. 그 과정에서 호의적 해석의 이점도 명확히 드러날 것이다.

상대가 어떤 면에서 진리를 말하고 있다고 가정한다

호의적 해석의 출발점은 '상대가 어떤 면에서 진리를 말하고 있다'라고 가정하는 것이다. 대화를 주고받을 때는 상대가 어떤 면에서 옳은 이야기를 하고 있다고 전제해야 한다. 이는 다소 의외의 출발점이라고 여길 수 있다. 많은 사람이 대화할 때 처음부터 상대가 옳다고 가정하는 것이 무슨 의미가 있느냐고 생각하기 때문이다.

호의적 해석은 처음부터 상대를 비판하는 자세로 그의 주장을 해석하거나 대화 자리에 임해서는 안 된다는 일종의 다짐을 담고 있다. 처음부터 상대를 비판하는 자세로 대화에 임하면 대개 사소한 것을 꼬치꼬치 캐묻다가 정작 중요한 문제를 놓치고 만다. 물론 섬세한 지적도 필요하지만, 그 사소한 질문이 더 큰 질문을 가린다면 우선순위가 바뀔 수 있다. '상대가 어떤 면에서 진리를 말하고 있다'라고 가정하는 자세는 이런 사사건건 흠잡는 태도를 예방하는 효과가 있다.

호의적 해석과 비판적 사고는 양립한다

'호의적 해석과 비판적 사고는 양립한다'라고 말하면 '그럼 호의적으로 해석할 때는 상대가 말하는 걸 죄다 긍정해야 하는가'라고 오해할 수 있지만, 그렇지 않다.

'상대의 주장이 옳다고 가정한다'라는 것과 '상대의 주장을 비판한다'라는 것은 얼핏 모순되는 개념처럼 보인다. 전자는 '어디까지나 가정에 머문다'라는 점이 중요하다. 호의적 해석은 상대의 의견을 전면적으로 긍정하는 것이 아니라 '상대의 주장이 옳다고 가정하면 도리어 설명할 수 없는 부분이 생기는 것이 아닌가'라고 반문하는 사고법이다.

이런 발상을 '질문' 공식으로 정리하면 다음과 같다(실제로는 이 질문을 바탕으로 그때그때 논의에 맞게 변형한 질문을 제시하게 된다).

"만약 그 주장이 옳다면 ○○ 부분을 설명할 수 없는데, 그 점은 어떻게 생각합니까?"

이 질문은 상대의 주장을 처음부터 부정하는 것이 아니라 상대의 주장을 일단 옳다고 가정한다. 앞서 말했듯 상대의 주장이 옳다고 가정하면 오히려 명확하게 설명할 수 없는 부분이 생긴다.

예를 들어 '남자아이는 집 밖에서 놀기 좋아하고 여자아이는 집 안에서 놀기 좋아한다'라는 주장이 옳다고 가정한다면 내향적인 성격의 남자아이나 활발한 성격의 여자아이를 제대로 설명하지 못하게 된다. 이런 주장은 '성별 차이를 이유로 사람을 판단해서는 안 된다'라는 윤리적 이유보다는 애초에 설득력이 낮다는 논리적 이유로 배제된다(물론 윤리적인 이유로도 배제되어야 한다).

상대의 주장이 옳다고 가정함으로써 오히려 '어? 그게 옳다면 이 점은 어떻게 설명해야 할까'라는 부분이 생긴다는 것이 호의적 해석의 골자다. 명확히 설명할 수 없는 부분을 찾아내고 그것을 검토한다는 점에서 호의적 해석은 비판적 사고와 일맥상통하는 면이 있다.

그러면 '처음부터 비판적 사고를 하면 되지 않을까'라고 의문을 품을 수 있지만, 호의적 해석은 여러 가지 이점을 가지고 있다. 우선 처음부터 상대를 비판하는 자세로 대화에 임하면 서로 다른 두 의견이 충돌하여 상대에게 "당신은 그렇게 생각할지 모르지만, 내 생각은 이렇습니다"라는 대답밖에 듣지 못한다. 하지만 호의적으로 해석하면 "당신의 주장이 옳다고 생각하면 오히려 이 점을 설명할 수 없게 되는데,

처음부터 상대를 부정할 때

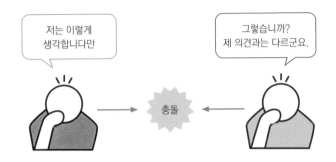

비판적이어서 논의가 진전되지 않는다

호의적 해석을 실천할 때

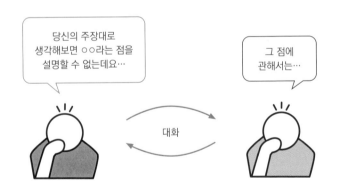

비판적이면서 논의가 진전된다

어떻게 생각합니까"라고 반문할 수 있다. 이 질문에 답할 수 없다는 것은 곧 '옳다고 생각한 자신의 주장이 사실은 틀렸다'라는 사실을 인정한다는 의미다.

이런 의미에서 호의적 해석은 단순히 비판적 사고를 실천하는 것을 뛰어넘어 비판적 질문을 할 수 있게 해준다(더 자세한 이야기는 뒤에서 설명한다). 이 점을 강조하면 자칫 오해를 불러일으킬 수 있는데, 호의적 해석은 상대를 압도하기 위한 사고법이 아니다. 상대의 의견을 묵살하는 것이 아니라 논리적인 논의가 이루어질 수 있도록 그것을 보조하는 사고법이다.

호의적 해석에서 대화하는 양자는 상호 보조하는 관계다

호의적 해석은 대화하는 양자 중 어느 한쪽이 일방적으로 호의를 베푸는 것이 아니다. 호의를 베푼다는 '시혜' 측면을 강조하면 호의를 베푸는 쪽이 마치 선생 역할이라도 맡는 것처럼 생각할 수 있지만 실상은 그렇지 않다. 대화하는 양자는 서로 지도하는 관계도, 유도하는 관계도 아니다. 어디까지나 상호 보조하는 관계다.

호의적 해석 과정에서 베풀어지는 시혜는 '상대의 논지를 다듬어줄 가능성'을 말한다. 스스로 생각하기에 아무리 그 아이디어가 최고라고 하더라도 혼자만의 관점으로는 뜻밖의

지도 관계

지도하다

지도받다

 유도 관계

유도하다

유도당하다

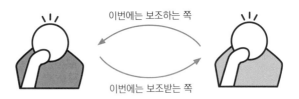 상호 보조 관계

이번에는 보조하는 쪽

이번에는 보조받는 쪽

위치에 숨겨진 약점을 발견하지 못한다. 특정한 관점에서 생각하는 이상 인간의 사고에는 맹점이 따르기 마련이다. 그런 맹점을 발견하기 위해서는 반드시 타자의 시각이 필요하다. 실제로 타자의 시각이 더해질 때 반례가 적고 더 설득력 있는 주장을 펼칠 수 있다.

물론 특정한 분야에 밝은 사람(예를 들어 전문가)은 어디에나 존재하므로 그런 사람에게 일방적으로 지식을 배울 수도 있다. 하지만 어떤 문제에 대처하는 아이디어를 정리할 때 전문가의 시선만이 필요한 것은 아니다. 오히려 전문가가 아닌 사람의 시선이 필요한 상황도 많다. 예를 들어 정부 정책을 입안할 때 일반인의 의견을 수용하지 않는 것은 생각할 수 없는 일이다. 호의적 해석이 '시혜'로서 상대의 주장을 독해하고 검토하는 방법이라면 그런 시혜는 모든 사람 사이에서 베풀어질 수 있다. 이런 의미에서 호의적 해석에서 대화하는 양자 사이 관계성은 상호 보조하는 것이다.

사전 준비하기
분절력과 요약력은 필수

호의적 해석을 실천할 때는 분절력과 요약력이 필요하다.

이 두 가지 힘이 뒷받침되지 않으면 호의적 해석을 제대로 실천할 수 없다. 특히 구두로 이루어지는 대화에서 순발력이 요구될 때 분절력과 요약력이 뒷받침되어야 한다.

앞서 말했듯 분절력이란 정보의 질과 중요성을 가려내는 힘이다. 2장에서 소개한 분절하는 방법을 활용하여 상대의 발언 중 중요한 단어와 어구를 적절한 단위로 추출하는 것이 중요하다. '무엇이 중요한가'를 꿰뚫어보려면 이야기의 '부분'과 '전체'를 모두 살펴야 한다. 하지만 상대의 이야기를 다 듣고 나서 중요한 단어와 어구를 뽑기 시작하면 메모해야 할 내용을 잊어버릴 가능성이 있다. 따라서 어느 정도 이야기가 정리되면 이야기의 축이 되는 단어와 어구를 메모한다는 자세로 접근해야 한다.

대화를 하면서 중요한 키워드가 될 만한 단어와 어구를 적어가는 작업이 다소 난이도가 높다면 타자에게 전해 들은 음성 정보를 머릿속에서 '색으로 구분하는' 연습부터 해 버릇하면 좋다. 어떤 의견을 전달하려는 사람은 종종 'A와 비교해 B가 낫다'라는 형식으로 논점을 정리하는 경향을 보이므로 '어떤 의견이 대비되고 있는가'를 색으로 구분하기만 해도 이야기가 한결 수월하게 정리된다.

물론 개중에는 이야기가 쉽게 정리되지 않고 화제가 복잡하게 전개되는 때도 있다. 그런 경우에도 '이 화제는 논점이

A이고, 그 화제는 논점이 B이며, 지금 나온 이야기는 논점이 C이므로 각각 빨간색, 파란색, 초록색으로 구분하자'라는 식으로 뒤엉킨 논의의 실타래를 풀어나갈 수 있다.

다만 실제로 이렇게까지 논점이 뒤엉킨 상황이면 머릿속에서 색으로 구분하기 어렵고 '어라, 이 이야기는 아까 한 이야긴가? 아니면 새로운 화제인가' 하고 헷갈리는 일도 빈번하다. 그러므로 현실적으로 세 가지 색 이상으로 구분하는 것은 이야기가 끝난 뒤 논의를 정리할 때 유효한 방법이라 할 수 있다.

실시간으로 상대의 이야기를 분절할 때는 서네 개의 큼직한 블록을 그려 각각의 주제에 들어맞는 단어와 어구를 적어가거나, 각각의 단어와 어구 사이 관계성을 화살표를 그어 정리하는 '형태'의 관점으로 분절하는 방법을 권한다. 흐트러지기 쉬운 논점을 명쾌하게 정리할 수 있다. 형태로 분절하는 방법은 정보를 취사선택하고 논점을 정리하는 솜씨가 좋은 사람만이 사용할 수 있다.

분절력이 소재를 모으는 단계라면 요약력은 그렇게 모은 소재를 사용하여 상대가 하는 이야기의 골자를 간결하게 요약하는 단계. 요약하는 방법은 3장에서 설명했으므로 여기서는 따로 언급하지 않는다. 상대의 이야기를 적절하게 요약하면 상대에게서 "그래요. 바로 그 점을 말하고 싶었습니

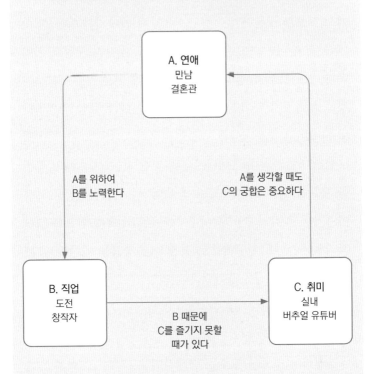

분절하기

A. 연애
만남
결혼관

A를 위하여
B를 노력한다

A를 생각할 때도
C의 궁합은 중요하다

B. 직업
도전
창작자

C. 취미
실내
버추얼 유튜버

B 때문에
C를 즐기지 못할
때가 있다

다"라는 반응을 얻어낼 수 있다. 이는 요약의 정도를 측정하는 한 가지 지표가 될 수 있다.

여기서도 말하는 방식이 중요하다. 당연하다고 생각할 수 있지만, "내가 당신의 의견을 간략하게 요약해보았습니다"라고 하며 과시하는 듯한 태도는 피해야 한다. 자신의 우월성을 과시하는 태도는 논의의 진전에 도움이 되지 않는다.

하지만 우리 주변에는 요약한 내용을 상대에게 전달할 때 "결국 당신이 하고 싶은 말은 이런 거죠?"라는 식으로 말하는 사람이 너무도 많다. '당신의 두서없는 이야기를 정리해보았다'라는 의도를 드러낸 상황일 수 있는데, 이런 말투는 상대를 깔보는 듯한 인상을 심어주어 심리적 안전성을 위협할 수 있으므로 삼가야 한다. 상대에게 요약한 내용을 전달할 때는 "당신의 이야기에서 이런 점을 배울 수 있었다", "이런 점을 깨달을 수 있었다"라며 의도를 분명하게 밝힌다면 고압적인 자세에서 벗어날 수 있다.

구문 해석하기
누락된 논점 보강하기

분절력과 요약력을 갖추었다면 이제 '논증하는 힘'을 응용하여 호의적 해석을 실천하는 단계로 넘어간다. 호의적 해석의 의의는 '상대의 논거를 자신의 논리로 보강한다'라는 것이다. 4장에서 예로 든 '앞으로의 시대에는 어떤 교육이 요구되는가'라는 주제로 논의를 이어가 보자.

논의를 거쳐 동료 A가 다음과 같이 주장하는 데 이르렀다고 하자. 이런 주장을 호의적으로 해석하면 어떤 대화를 주고받게 되는지 살펴보자.

Ⓐ "학교 교육에서 질문을 끌어내는 사고력을 기르는 것은 중요합니다(커리큘럼에 편성하여 적극적으로 실시해야 합니다)."

호의적 해석의 첫 단계는 '상대가 어떤 면에서 진리를 말하고 있다'라고 가정하는 것이었다. 따라서 '학교 교육에서 질문을 끌어내는 사고력을 기르는 것은 중요하다'라는 상대의 주장이 옳다고 가정한다.

하지만 이 주장을 옳다고 인정하고 나서 '그럼 내년부터 바로 실시하자!'라는 단계에 이르려면 한 가지 문제를 해결해야 한다. '질문을 끌어내는 사고력을 어떻게 평가하고 채점할 것인가'라는 문제다. 학교 교육의 하나로 실시되므로 학생의 사고 행위를 어떤 방식으로 평가할 것인지 그 기준을 마련해야 한다. 대화 상대인 B는 A에게 호의적으로 작용하도록 이 의문점을 전해야 한다.

> **B** "매우 매력적인 제안입니다만, 그 방법을 실시하면 '질문을 끌어내는 사고력을 평가하고 채점해야 한다'라는 문제가 대두되겠지요. 그 점은 어떻게 생각하시나요?"

만약 A의 의견을 호의적으로 해석하지 않고 비판적으로 받아들인다면 "그 제안대로면 '질문을 끌어내는 사고력을 평가하고 채점해야 한다'라는 문제를 해결할 수 없으니 한 번 더 생각해주세요"라며 상대를 다그치게 된다.

A는 평가 문제를 깊이 생각하지 않은 채 '학생들에게 교육 현장에서 질문을 끌어내는 사고력을 배우게 하자'라고 제안했을 뿐이다. 하지만 그 제안에 논리적 누락이 있다면 이에 대하여 상대에게 묻고, 때에 따라서는 이쪽에서 아이디어나 대안을 제시하여 상대의 주장이 보완되도록 손쓸 수 있다. 이것이 상대의 의견을 호의적으로 검토한다, 즉 대화 자리에서 호의적 해석을 실천하는 일이다.

계속해서 질문을 받은 A가 다음과 같이 답했다고 하자.

> **A** "질문을 끌어내는 사고력을 평가하고 채점하는 방법도 함께 생각해야겠네요. 소수의 구성원이 토의하는 활동을 염두에 두고

있습니다만, 그때 발언량에 따라 학생을 평가하는 건 다소 무리가 있습니다."

A는 '사고력을 평가하고 채점할 때 발언의 양은 본질적으로 평가 기준이 될 수 없다'라는 의견을 개진했다. 실제로 발언의 양이 평가 기준이 된다면 학생에게 '일단 뭐라도 떠들어대면 된다'라는 생각을 심어주게 된다. 게다가 발언의 양만을 중시하면 다 함께 조용히 차분하게 사고하는 기회를 빼앗게 될지도 모른다.

이런 일련의 이유로 우리는 A가 말하는 의견의 방향성에만 동의할 만하다고 가정한다. 그리고 호의적 해석을 적용하여 이처럼 막연하게 제시된 방향성을 보강할 만한 견해를 제안한다. 우리를 대변하여 B는 A에게 다음과 같이 말할 수 있다.

Ⓑ "말씀하셨듯이 발언은 양보다 질이 중요하죠. … 예를 들어 대화에서 새로운 질문을 하는 데서 그치지 않고 '그것이 원래 질문과 어떤 관계에 있는가'라는 점을 함께 명시할 수 있는 사고 활동이 평가 대상이 될 수 있겠죠."

B의 답변은 "맞습니다. 발언의 질이 중요하죠"라며 대화를

멈추는 단순한 긍정도, "하지만 발언의 질을 평가하기란 모호하고 방법도 잘 모르겠습니다"라며 대화를 멈추는 단순한 부정도 아니다. 상대의 견해에 나타나는 방향성에 동조하면서 누락된 논점을 보완할 만한 아이디어나 시각을 제시하는 호의적 해석 시도다.

이 대화에서는 단순히 새로운 질문을 하는 데서 그치지 않고 새로운 질문과 원래 질문의 관계성을 정리할 수 있는 시각을 함께 제시하는 것이 중요하다는 의견을 개진했다. 이를 바탕으로 질문을 끌어내는 사고력을 평가할 때 적용할 수 있는 한 가지 기준을 잠정적으로 제시했다. 이후에는 이런 기준을 적용하여 '실제로 어떻게 학생들의 대화나 논의를 평가할 수 있는가'라는 점을 생각해야 한다.

이번에는 다음과 같은 대화가 오갔다고 하자.

🅐 "그럼 이런 기준을 적용하여 우리 교사가 학생들의 토의(모둠 활동)를 평가할 수 있겠네요. 이제 실시할 수 있겠습니다."

🅑 "그렇긴 한데요. 교실에서 일제히 모둠 활동을 할 때, 한 사람의 교사가 모든 모둠의 대화를 제대로 듣기는 힘들지 않을까요? 아이들은 동시에 말할 테고요. 게다가 모둠별로 대화 내용도 다양할 테니, 그 이야기를 전부 따라잡기는 어려울지도 모릅니다."

🅐 "그렇겠네요. 매번 수업할 때마다 선생님들이 협력할 수도 없으니, 실질적으로 교사 한 사람이 여러 모둠을 돌아다니면서 단편적으로 대화를 들을 수밖에 없겠죠. 하지만 그렇게 되면 '학생들은 기존 질문과 새로운 질문의 관계성을 정리하면서 새로운 질문을 제시할 수 있는가'라는 점을 제대로 평가할 수 없습니다. 역시 질문을 끌어내는 사고력을 기르고 그것을 평가하는 교육을 학교에서 하기란 불가능할까요?"

'교사 한 사람이 학생들의 질문을 끌어내는 사고력을 평가하기는 어렵다'라는 문제점이 드러났다. 이런 문제점은 A의 의견을 긍정하기만 해서는 찾아낼 수 없고, 그렇다고 A의 의견을 부정한다면 "그러네요. 그럼 역시 실시하기 힘드니 그만두죠"라고 귀결되고 만다.

이 같은 극단적인 두 갈래 길에서 벗어나는 데 필요한 것이 상대의 논거를 자신의 논리를 이용하여 보강하는 호의적 해석이다. B는 지혜를 짜내 A에게 그의 아이디어를 보강할 만한 견해를 다음과 같이 제시할 수 있다.

🅑 "확실히 '교사 한 사람이 학생들을 평가한다'라는 관점이라면 실시하기 어려울지도 모르겠습니다. 하지만 발상을 전환하여 '학생들이 자기 자신을 평가한다'라는 관점으로 바꾸면 어떨

까요?"

Ⓐ "학생들이 그걸 할 수 있을까요?"

Ⓑ "예를 들어 모둠 활동으로 토의한 뒤 '거기서 어떤 질문이 나왔는가', '새로운 질문이 나옴으로써 원래 질문(주제)에서 어떻게 화제가 전개되었는가'라는 점을 모둠 구성원끼리 되짚어보도록 하면 어떨까요? 거기서 확인된 사실을 정해진 용지에 적도록 하고요. 우리 교사는 그 용지를 보고 각 모둠 단위로 평가를 하는 겁니다. 한계가 있겠지만, 교사 한 사람이 각 모둠을 돌아다니며 단편적으로 이야기를 듣는 것보다는 훨씬 현실적일 듯합니다."

Ⓐ "그렇겠네요."

 A의 원래 아이디어는 '학교 교육에서 질문을 끌어내는 사고력을 기르는 것은 중요하다'(커리큘럼에 편성해 적극적으로 실시해야 한다)라는 것이었다. 이 아이디어는 아직 덜 다듬어진 것으로, 해결해야 할 몇 가지 문제가 잠재되어 있었다. 호의적 해석을 한다는 것은 A의 이 아이디어를 단순히 긍정하는 것도, 단순히 부정하는 것도 아니다. A 아이디어의 매력적인 점을 인정하고 아이디어의 타당성을 떨어뜨리는 여러 문제를 극복할 수 있는 시각을 제공하는 일이다.

혼자서는 불가능한 생각

'학교 교육에서 질문을 끌어내는 사고력을 기르고 그것을 평가하는 것이 과연 가능한가'라는 주제로 이루어지는 대화에 호의적 해석 기법을 적용해보았다. 이 사례에서 밝혀졌듯 호의적 해석은 원활하고 생산적인 논의를 돕는다.

호의적 해석에서는 자연스럽게 상대에게 다가가는 자세를 취하므로 신뢰 관계 속에서 다양한 아이디어를 제시할 수 있다. 심리적 안전성이 확보된 환경에서는 대화가 원활하게 이루어지며, 혼자서는 도저히 떠올릴 수 없는 발상과 아이디어를 만들어낼 수 있다. 호의적 해석은 '대화의 만병통치약'이 아니지만, 윤리적인 배려를 더하고 논리적으로 이치에 맞는 대화 자리를 마련할 때 유효한 수단의 하나임은 틀림없다.

마지막으로 한 가지 덧붙이자면, 과거 철학자의 문헌을 해석하는 유형의 고전적인 철학 연구에서 다루는 호의적 해석은 이번 장에서 설명한 것과는 약간 차이가 있다. 고전적인 철학 연구에서는 실제로 구두로 이루어지는 대화와는 달리 상대가 그 자리에서 응답하는 일이 거의 없기 때문이다.

연구 대상인 철학자가 몇백 년 전에 살았던 인물이라면 우리의 세계관과는 크게 동떨어진 사고를 전개하는 일도 흔하다. 이런 경우 현대의 우리로서는 받아들이기 어려운 주장일

지도 모르지만, 일단 그 주장이 합리적이며 타당하다고 받아들이는 것이 중요하다는 의미로 호의적 해석이 이루어진다.

이런 호의적 해석도 오늘날의 세계에서는 잃어버린 세계관을 재발견한다는 의미에서 매우 중요하다. 어쨌든 호의적 해석은 더 많은 사람에게 알려질 가치가 있는 지적 사고법이다.

타자와의 간극 좁히기

대화적 사고를 익히고 실천하는 세 번째 단계는 '타자에 게 적합한 이미지 사용하기'다. 여기에는 '은유'(metaphor)와 '유추'(analogy)라는 사고 기술이 필요하다. 은유는 '더 설득 력 있게 설명하는 데 필요한 기술'이고, 유추는 '상대의 감정 을 자기 일처럼 공감하는 데 필요한 기술'이다.

두 가지 기술의 공통점은 짧은 말로 구체적인 이해를 돕 는다는 점이다. 대화에서 구체적인 이미지를 부여하는 힘은 5장에서 설명한 '이야기화하는 힘'을 원천으로 삼는다. 이 책 에서는 은유를 '자기를 이해시키기 위한 도해 기법'으로, 유추를 '타자를 이해하기 위한 도해 기법'으로 설명한다.

대화 자리에서 은유와 유추가 중요한 이유는 무엇일까? 비슷한 환경에서 살아가지 않는 한, 나와 타자 사이에는 절대 좁힐 수 없는 큰 간극이 존재한다. 그것은 사고방식의 차이이기도 하고, 감정의 차이이기도 하다. 어떤 이야기를 하더라도 서로 생각이 같은 사람과 만나기란 거의 불가능한 일이다.

사회에는 사람 수만큼 다양한 의견이 존재한다. 이는 우리가 타자와 의사소통할 때 '오해'와 '엇갈림'이 생길 확률이 높다는 사실을 의미하기도 한다. 아무렇지도 않게 내뱉은 한마디가 눈앞에 있는 사람에게 가혹한 상처를 주었다거나, 매력적인 아이디어를 제안했으나 방법이 서툴러 그 매력이 상대에게 전혀 전달되지 않았다는 등의 사례는 일일이 거론할 수 없을 만큼 많다. 나와 타자 사이에 있는 간극은 그토록 뿌리 깊다.

대화 자리에서 오해와 엇갈림을 피하려 할 때는 두 가지 과제가 중요하게 대두된다.

- 자신의 주장을 이해시키기 위해 상대가 받아들일 수 있는 전달 방법을 모색한다
- 상대의 주장을 이해하기 위해 자신이 공감할 수 있는 경청 방법

을 모색한다

첫 번째는 자기 의견을 더 설득력 있게 설명하는 데 필요한 기술을 탐구하는 과제다. 두 번째는 상대의 감정을 자기 일처럼 공감하는 데 필요한 기술을 탐구하는 과제다. 이 두 가지 기술은 자신과 타자 사이에 있는 사고방식과 감정의 간극을 메우고 더 좋은 관계를 유지하는(대화에서 '오해'나 '엇갈림'을 피하는) 데 필요하다. 다소 의외일 수 있지만, 나는 대화 자리에서 타자와 더 좋은 관계를 유지하는 데 필요한 기술로 '은유'와 '유추'를 제안하고 싶다.

은유란 무엇인가

'은유'라는 단어의 의미를 이해하는 것부터 시작하자. 수사학 교과서를 펼치면 '직유'(simile)와 '은유'라는 말이 자주 등장한다.

직유의 예: "저 아이는 내게 천사와 같다"
은유의 예: "저 아이는 내게 천사다"

이처럼 문장에 '~와 같은'을 넣는 비유가 직유이고, 넣지 않는 비유가 '은유'다. 앞서 말했듯 '은유'는 영어로 '메타포'(metaphor)라고 하는데, "메타포에 대하여 설명하겠습니다"라고 하면 마치 '은유'에 대해서만 설명하는 듯한 뉘앙스를 풍긴다.

인지심리학 분야에서는 더 큰 의미로 '은유'라는 말을 사용한다. 교토대학 구스미 다카시(楠見孝) 선생의 논문 「은유적 사고와 비판적 사고: 레토릭과 인지심리학의 관점에서」에는 '은유적 사고'(metaphorical thinking)라는 용어가 등장한다. 거기에는 '직유와 은유', '제유'(사물의 한 부분으로 전체를 나타내는 수사법 – 옮긴이), '환유'(사물을 그것의 속성과 밀접한 관계가 있는 말을 빌려 표현하는 수사법 – 옮긴이)의 세 가지 비유 표현이 포함되어 있다.

여기서 주목할 것은 '은유적 사고'라고 할 때 '직유'와 '은유'의 구별은 중요하지 않다고 본다는 점이다. 이런 관점에서 '직유'와 구별되는 '은유'는 협의의 은유, '은유적 사고'라고 불릴 때의 '은유'는 광의의 은유로 정리할 수 있다. 이번 장에서 눈여겨볼 것은 광의의 은유가 지닌 기능이다. 광의의 은유는 사물을 그것과는 다른 말로 표현한다는 점에서 '비유'와 동일시된다.

이런 은유의 성질은 전혀 근거가 없는 것은 아니다. '메타

광의의 은유
(비유 그 자체)

협의의 은유
(비유의 일종)

포'라는 영어 단어는 고대 그리스어 '메타포라'(μεταφορά)에서 유래했다. 고대 그리스 철학자 아리스토텔레스는 자신의 책 『시학』에서 '메타포라'를 '다른 사물을 나타내는 이름을 특정한 사물에 적용하는 것'이라 설명했다. 이 '메타포라'가 전통적으로 '비유'로 옮겨졌다.

이처럼 아리스토텔레스의 『시학』까지 거슬러 올라가면 '은유'라는 말은 비유의 일종이라기보다 '비유' 그 자체라고 말할 수 있다. 여담이지만, 1975년 『살아있는 은유(La méta-phore vive)』라는 책을 저술한 프랑스 철학자 폴 리쾨르(Paul Ricoeur)도 광의의 은유에 대한 논의를 기본으로 삼고 있다.

이 책에서 설명하는 '은유'는 광의의 의미로 사용하는 은유다. 문장에 '~와 같은'을 넣거나 말거나, 즉 '직유'인지 '은유'인지 구분하는 것은 중요하게 다루지 않는다.

은유 만들기
아리스토텔레스의 관점에서

'은유'의 개념을 정의했으니 실제로 은유를 만들어보자. 여기서 소개하는 것은 아리스토텔레스의 은유론이다. 아리스토텔레스의 『시학』20장에는 은유를 만드는 네 가지 방법이 나온나. 이제부터 설명하는 것은 그 네 번째 방법인 '유비 관계의 적용'이다.

아리스토텔레스는 은유를 만드는 네 번째 방법을 다음과 같이 설명한다.

내가 말하는 '유비 관계의 적용'이란 제1의 사물(A)에 대한 제2의 사물(B)의 관계가, 제3의 사물인 (C)에 대한 제4의 사물 (D)의 관계와 같을 때를 가리킨다. 왜냐하면 사람은 제2의 사물 대신에 제4의 사물을 말하거나, 혹은 제4의 사물 대신에 제2의 사물을 말하기 때문이다.

이런 추상적인 설명만으로는 이해하기 힘들므로 구체적인 사례를 통하여 은유를 만들어보자. 예를 들어 '하루'와 '인생'의 관계성은 무엇일까? 어쨌든 하루가 지나면 해가 진다. 인생도 마찬가지로 언젠가 마지막을 맞이한다. 여기서 우리

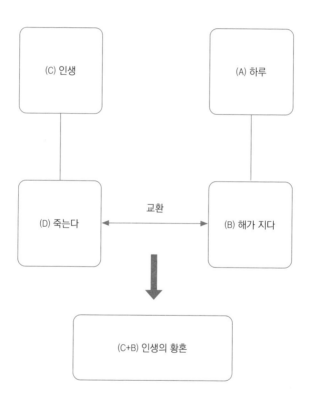

는 유사성에 근거하여 다음과 같이 둘 사이의 관계성을 정리할 수 있다.

- 하루(A): 해가 진다(B)
- 인생(C): 죽는다(D)

이때 D의 자리에 B의 표현을 적용하면, 즉 제4의 사물 대신에 제2의 사물을 말하면 다음과 같은 은유를 얻을 수 있다.

'인생의 황혼'

같은 방법으로 또 다른 은유를 만들어보자.

- (선물을 받은) 초콜릿 상자(A): 무엇이 들어 있을지 모른다(B)
- 인생(C): 무슨 일이 일어날지 모른다(D)

이번에는 C와 A를 결합하여 문장을 만들어보자. 다음과 같은 유명한 은유가 탄생했다.

인생은 초콜릿 상자와 같다

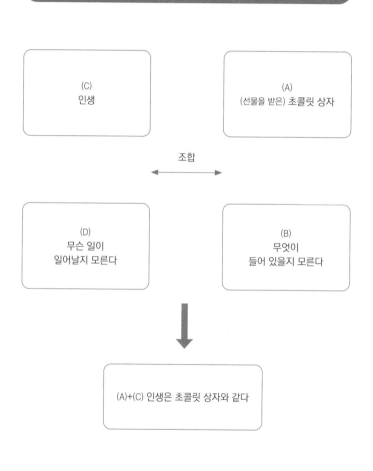

[A-B]의 관계성과 [C-D]의 관계성은 유사하다

(C)
인생

(A)
(선물을 받은) 초콜릿 상자

조합

(D)
무슨 일이
일어날지 모른다

(B)
무엇이
들어 있을지 모른다

(A)+(C) 인생은 초콜릿 상자와 같다

여기서는 두 가지 사례를 소개했지만, 같은 방법으로 다양한 은유를 만들 수 있다. 핵심은 다음 세 가지다.

- 사물의 유사한 점을 찾아낸다
- ('A - B', 'C - D'라는) 네 항목의 관계를 설정한다
- 관계의 조합에서 은유를 만들어낸다(다만 A와 B를 조합하더라도 은유가 되지 않으며, C와 D를 조합하더라도 마찬가지다)

가장 중요한 것은 '사물의 유사한 점을 찾아내는 일'이다. 사물 사이에서 누구나 알 만한 유사점을 찾아내더라도 참신한 은유를 만들기란 쉽지 않다. 예를 들어 '유튜버'와 '버추얼 유튜버'(유튜브 등에서 방송 활동을 하는, 컴퓨터 그래픽으로 만들어진 가상의 캐릭터 - 옮긴이)의 유사점은 따로 지적할 필요도 없이 명백하다.

반대로 억지로 두 가지 사물을 연관 지어 비슷하다고 우기더라도 그것을 아무도 이해하지 못한다면 애초에 은유를 만들었다고 할 수 없다. 예를 들어 '불고기'와 '냉장고'가 유사하다면서 '불고기는 냉장고다'라는 표현을 만들어내더라도 은유라고 말할 수 없다. 은유가 특별한 이유는 통상적으로 알아차리지 못하는 유사점을 통찰하고 그것을 언어적 표현으로 승화한다는 점에 있다.

은유로 전달하기
동굴 탐험과 철학 연구의 공통점

은유는 누군가에게 정보를 전달할 때 유효한 도구가 될 수 있다. 앞서 은유를 만들려면 '유사한 점을 통찰하는 일'이 중요하다고 설명했다. 뛰어난 은유에는 지금까지 누구도 생각하지 못한 사물 사이 유사성이 들어 있다. 바꾸어 말해 은유는 그것을 읽는 사람에게 '유사점을 통찰하게 하는 힘'을 제공한다.

은유는 하나의 문장 표현으로 만들 수 있으므로 매우 짧은 말로 사물의 관계성을 이해시킬 수 있다. 예를 들어 프롤로그에서 '생각'이라는 행위를 '달리기'에 비유했는데, '생각은 달리기다'라는 문장 표현도 은유의 하나다.

내가 이 은유를 좋아하는 이유는 '사고력은 특별한 훈련을 거듭하는 과정을 거쳐야만 갈고닦을 수 있다'라는 사실을 상대에게 전달할 수 있기 때문이다. 논리적인 문장을 구상하는 과정을 '레고 블록 조립하기'에 비유한 것도 내가 '레고 블록'과 '문장 구성'의 유사점을 이해하고 있기 때문이다.

은유는 상대에게 사물의 정보를 전달하는 강력한 도구가 될 수 있다. 특히 양자간 괴리가 큰 상황에서 나누는 대화에서 은유가 중요한 역할을 한다. 여기서 '괴리'란 서로의 사고방식이나 감정은 물론 과거의 환경이나 현재의 환경에 큰 차이가 있는 경우를 일컫는다. 괴리가 큰 타자와의 대화는 곤란하기 짝이 없다. 서로를 오해하는 상태에서 대화가 시작된다고 해도 과언이 아니다.

나는 철학 연구라는 지극히 비주류인 일을 생업으로 삼고 있으므로 이런 괴리가 있는 상황에 곧잘 노출된다. 중학생 시절 친구에게 근황을 전할 때 "철학을 연구하고 있어"라고 말해보았자 실제로 무슨 일을 하고 있는지 그 실체가 전혀 전해지지 않는다. 이럴 때 은유가 매우 유효한 전달 도구가 될 수 있다.

예를 들어 나는 대륙철학(프랑스, 독일 등 유럽 대륙을 중심으로 19세기에서 20세기에 형성된 철학 전통으로, 같은 시기 영국과 미국을 중심으로 형성된 분석철학과 대비되는 분류다 - 옮긴이) 분야에서 말하는 철학 연구의 이미지를 일반인에게 전달할 때, 종종 '동굴 탐험'이라는 은유를 사용한다.

실제로 과거 철학자의 텍스트 해석과 동굴 탐험은 닮은 구석이 있다. 철학 텍스트 해석과 동굴 탐험은 어느 쪽이든 그 전모가 보이지 않는다. 동굴은 불을 밝혀도 몇 걸음 앞을 내다보기 어렵고, 철학 텍스트도 한 치 앞을 내다볼 수 없는 상태로 한 문장 한 문장 해석해나갈 수밖에 없다. (다음 단락에는 지금까지의 해석과 어긋나는 서술이 등장하거나, 오독을 유발하는 난독 요소라는 함정이 도사리고 있을지도 모른다.) 양자 사이에는 한 걸음씩 신중하게 걸어가야 하는 어려움이 공통으로 존재한다.

철학 텍스트 해석과 동굴 탐험은 조금씩 앞으로 나아감에 따라 지금까지 지나온 곳에 불을 밝힐 수 있다는 점도 유사하다. 실제로 동굴 탐험에서는 앞으로 걸어가면서 횃불을 벽에 걸어두어 지나온 길을 비출 수 있다. 철학 텍스트 해석에서는 한 단락씩 논지를 파악해나가면서 지금까지 이루어진 논의의 가닥을 잡을 수 있다. 이윽고 '구조' 전체를 아우르는 '겨냥도'(건물 따위의 모양이나 배치를 알기 쉽게 그린 그림 – 옮긴이)를 그릴 수 있는 것도 동굴 탐험과 텍스트 해석의 공통점이다.

동굴 탐험과 마찬가지로 철학 텍스트 해석에서도 때로 귀중한 자원을 찾아낼 수 있다. 그것은 바로 '개념'이다. "설마 이런 곳에서 이 개념과 맞닥뜨리다니…", "이 개념을 검토함으로써 이 철학책의 현실성을 주장할 수 있을지도 모른다" 등 만남의 방식은 다양할 것이다. 과거 철학 텍스트를 연구하는 묘미의 하나가 이런 개념과의 만남이라 생각한다. 실제로 철학 연구 현장에서는 학술 연구의 계보를 '지적 광맥'이라 표현하기도 한다. 이런 의미에서 '탐구한다'라는 행위와 '발굴한다'라는 행위는 본질적으로 유사한 성질을 지녔다고

은유

철학을 연구한다는 것은 동굴 탐험과 같다

'철학 연구'와 '동굴 탐험'의 유사점

① 한 치 앞도 내다볼 수 없다
② 불을 밝히고 겨냥도를 그릴 수 있다
③ 때로 귀중한 자원을 찾아낼 수 있다
④ 팀을 이루어 끝까지 걷는 것이 중요하다

볼 수 있다.

동굴 탐험이나 철학 텍스트 해석이나 동일하게 '팀'으로 이루어지는 행위다. 혼자서 갈 수 있는 범위는 한정되어 있고 어디서 실패할지 알 수 없다. 동굴 탐험에서는 동료와 협력할 것이고, 철학 텍스트 해석에서는 이를테면 사람을 모아 '독서회'라는 팀을 구성할 것이다. 독서회에서는 '이 부분은 어떻게 이해할 것인가', '다른 서술과의 관계는 어떻게 되는가'라는 점을 집중적으로 다룬다. 그것은 혼자서는 미끄러워서 제대로 걷지 못했던 곳을 함께 걸을 수 있도록 길을 단단히 다지는 작업과도 비슷하다.

주위에서 '그렇게까지 힘든 철학 텍스트 해석이라는 작업을 왜 생업으로 삼으려 하는 걸까'라는 의문을 제기할 때도 있다(실제로 나도 몇 번이나 그런 의문과 맞닥뜨렸다). 상대가 그런 질문을 한다는 것은 적어도 그 사람은 은유를 통하여 철학 연구의 특성과 어려움을 이해하고 있다는 의미다. 지금까지 철학 연구와 무관하게 지내온 사람에게 철학 연구의 구체적인 이미지를 전달할 수 있다면 그것 역시 대화의 큰 진전이라 할 수 있다.

우리는 동굴 탐험이라는 은유를 사용하여 철학 텍스트 해석이 '금욕적인 행위지만 보람이 있다', '혼자만 책을 읽고 있는 것이 아니다'라는 점을 구체적인 이미지와 함께 전달할 수 있다. 실제로 그저 "하루 대부분을 독서에 쓰고 있습니다", "두 페이지를 두 시간 걸려 읽으면서 옛 철학자의 사상을 해석하고 있습니다"라고 말해서는 상대에게 철학자가 하는 연구 활동의 참맛과 매력을 전달할 수 없다(더구나 '대륙철학'과 대비되는 '분석철학'을 설명할 때는 종종 '동굴 탐험' 이외의 은유가 필요할 것이다).

'철학 연구'와 '동굴 탐험'의 은유를 본보기로 삼아 우리는 다양한 은유 활용법을 생각할 수 있다. 예를 들어 '집안일의 고됨과 부조리'를 설명할 때 '영원히 잔업이 끝나지 않는 업무'라는 은유를 쓸 수 있고, '컨설팅 업무'를 설명할 때 '회사가 걸린 병을 진단하고 그 치료를 시도하는 의사'라는 은유를 쓸 수 있다. 이런 방식으로 은유를 사용하여 우리는 서로 간의 괴리를 좁혀 나가며 타자와 대화를 할 수 있다.

유추로 공감하기
궁지에 내몰린 타자를 향한 상상력

'은유'를 전달 수단으로 사용했다면 '유추'는 공감 수단으로 사용할 수 있다. '유추'는 보통 '유비', '아날로지' 등으로 번역된다. 앞서 설명한 은유와 연관 짓는다면 모든 은유는

'유추' 관계를 찾아냄으로써 탄생한다고 할 수 있다. 예를 들어 '하루'와 '인생' 사이에는 유추가 있기에 양자를 결합하여 '인생의 황혼'이라는 은유가 탄생할 수 있다.

이처럼 유추는 사물 사이 유사점을 의미하지만, 여기서는 유추를 '공감의 도구'로 사용한다. 유추를 사용한 사고법을 다룬 책이나 인터넷 기사도 찾아볼 수 있지만, 사고의 방법이 아니라 공감의 방법으로서 유추를 사용한다는 점이 이 책의 독창적인 시각이다.

대화의 기본 전제는 은유와 같다. 나와 타자 사이에는 사고방식이나 감정 등에서 절대 좁힐 수 없는 큰 간극이 존재한다. 이런 상황에서 오해나 엇갈림이 생기지 않도록 사물의 정보를 타자에게 전달하는 도구가 은유의 기술이었다. 유추의 기술은 상대의 상황을 자기 일로 받아들이고 공감하는 도구라 할 수 있다.

여기서도 은유를 만들 때 활용한 '네 항목의 관계성'이라는 발상법을 적용할 수 있다. 유추에서 상정하는 네 항목의 관계성은 다음과 같다.

- 타자(A): 타자의 신변 상황(B)
- 나(C): 내 신변 상황(D)

만약 '타자'가 오랫동안 친하게 지낸 친구이거나 같은 직장 동료라면 나는 그 사람의 고통이나 슬픔에 공감할 가능성이 크다. 동일한 사건이나 경험을 공유하고 있는 까닭에 상대의 상황을 자신의 상황으로 치환하기 쉽기 때문이다. 반대로 '타자'와 '나' 사이에 존재하는 배경이나 환경의 괴리가 클수록 상대의 상황에 공감을 표하기 어렵다. "그게 얼마나 큰일인지 잘 모르겠어", "그긴 그저 자기가 허술했기 때문 아닌가"라고 상대에게 자신의 몰이해를 드러낼 때도 종종 있다. 이런 타자에 대한 몰이해는 타자에 공감하는 상상력이 빈약한 데서 비롯된다.

'타자에 공감하는 상상력'을 보좌하는 기술로서 '유추'라는 사고법을 활용할 수 있다. 앞서 설명한 네 항목의 관계성에서 타자(A)가 고통이나 슬픔을 느끼는데도 그 사람에게 공감할 수 없을 때, 우리는 종종 그의 신변 상황(B)을 이해하지 못한 것이다. 상대가 처한 상황이나 환경에 대한 지식이 부족한 탓에 그런 상황에서 궁지에 내몰린 타자의 심정을 상상하는 데 실패한다.

이럴 때 타자의 말을 실마리 삼아 타자의 상황(B)과 비슷한 일이 자기 신변에 일어난 상황(D)으로 치환해서 생각해보면 매우 효과적이다. 타자를 궁지로 내모는 상황을 이해하면 그에 따라 실제로 궁지에 내몰린 타자의 고통이나 슬픔을

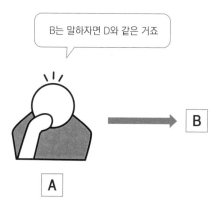

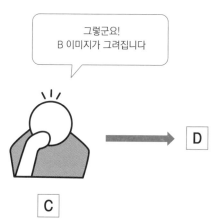

(어느 정도) 공감할 수 있기 때문이다.

예를 들어 아이가 등교를 거부하거나, 방에 틀어박혀 종일 게임만 한다고 가정해보자. 이 아이를 두고 주변에서는 '마음이 약하다', '은둔형 외톨이', '게임만 한다'라는 식으로 평가할지도 모른다. 주변 사람이 이해하기로 그 아이는 나쁜 사람이고 게으름뱅이이며 비난받아야 할 대상이다. 정말 그 릴까. 이를테면 심각하게 따돌림을 당하는 교실에서 몸을 멀리하는 것이 왜 '마음이 약하다'라는 평가로 이어지는 걸까. 어른으로 치환하자면 직장에서 상사에게 괴롭힘을 당하는 상황과 같다.

이 아이에게 공감하는 첫걸음은 '직장에서 상사에게 괴롭힘을 당하듯 교실에서 따돌림을 당한다'라는 유추 방식으로 이해하는 것이다. (웬만큼 특수한 상황을 상정하지 않는 한) 직장에서 괴롭힘을 당하고 좋아하는 어른은 없으므로 그런 상황에 대입하여 이해하면 상대에게 공감하는 데 필요한 상상력을 기를 수 있다.

아이가 '게임만 한다'라는 부정적인 평가로 이어지는 것도 문제다. 예를 들어 그 아이가 온라인 게임을 했다면 그것은 타자와의 의사소통의 하나로 이루어지는 행위다. 팀과 협력하여 같은 도전 과제를 해결하는 것이 온라인 게임의 매력이므로, 게임을 하는 것은 학교에서 박탈당한 타자와 관계를 맺는 시간을 되찾는 행동으로 간주할 수 있다.

그런 의사소통의 권리를 박탈당하지 않은 사람이라면 아무래도 좋을 것이다. 하지만 아이에게 학교란 생활 전반을 보내는 장소이고, 거기서 따돌림당한다는 것은 일상적인 의사소통을 할 당연한 권리마저 빼앗긴 상태를 의미한다. 자기 자신이 그런 상황에 놓인다면 기분이 어떨까. 아이는 주변 사람들이 이해해주지 않는 동안에도 친구와 일상적으로 의사소통을 할 기회를 계속 빼앗기고 있다.

사회적 약자로서 궁지에 내몰린 타자에게 향하는 상상력은 언제나 한발 늦다. 우리가 그들의 고뇌를 이해했을 때 그들은 이미 지칠 대로 지쳐 있다. 그들의 입에서 "누군가의 도움이 절실하게 필요할 때 아무도 우리를 이해해주지 않았다"라는 말이 나오기도 한다.

우리는 그렇게 고통을 짊어진 타자에게 공감하고 그들을 지원할 수 있는 환경을 조성하는 데 참여할 의무가 있다. 누군가에게 고통을 주는 사회 구조는 누군가에게는 편안한 것이기에 지속된다. 그런 사회 구조 속에서 아무렇지도 않게 계속 생활한다는 것은 타자에 대한 부정행위에 가담하는 것을 의미한다. 타자를 궁지로 내모는 상황을 타개하기 위하여 우리는 자기가 할 수 있는 것부터 행동하는 '시민'으로서 나설 의무가 있다. 이를테면 '차별어'라고 불리는 말을 사용하지 않거나, 부당하게 노동자를 착취하는 기업의 제품을 불매하는 사소한 행동을 꾸준히 실천하는 일 정도는 누구라도 할 수 있다.

타자를 궁지로 내모는 상황을 이해하기 위하여 '그런 일이 내게 일어난다면 어떤 상황에 해당하는가'라는 점을 생각해본다. 타자에게 공감하기 위하여 유추를 사용하는 방법이다. 타자에게 공감을 표한다는 것은 괴리감이 느껴지는 타자와 대화할 때 가장 중요한 조건의 하나다. 공감 없는 대화는 폭력과 억압을 내포한다. 괴로워하는 타자에게 '나는 그렇게 느끼지 않는다'라고 맞서는 것은 상처 입은 타자를 몰아세우는 행위다.

유추에도 한계는 있다. 상대와 자신 사이 간극이 너무 커서 유추를 찾아내지 못할 수 있다. 혹은 자신에게는 사소한 상황이라 잘못 유추한 것을 상대의 상황에 대입함으로써 도리어 타자에 대한 몰이해를 키울 수 있다(예를 들어 "그 정도 일로 왜 그렇게 괴로워하는 거야?"). 이런 부적절한 유추 사용에 주의해야 한다.

많은 사람이 모이는 대화의 자리에서 공통의 유추를 생각해내는 것이 중요하다. 어떤 유추가 타자에 공감하는 계기를 만들어줄까? 유추를 어떻게 사용할 때 타자를 향한 상상력의 날개를 꺾게 될까? 그런 문제에 대하여 복수의 타자와 계속 대화하는 문화적 토양을 배양해야 한다. 타자에게 공감하는 감성과 타자에 대한 상상력을 잃어서는 안 된다.

지금까지 생산적이고 원활한 논의를 돕는 대화적 사고를 익히고 실천하는 세 가지 단계를 살펴보았다. 첫 번째 단계에서는 '질문을 던지는 방법', 두 번째 단계에서는 '호의적으로 해석하는 방법', 그리고 세 번째 단계에서는 '은유하고 유추하는 방법'에 대하여 설명했다. 이는 각각 대화에서 '질의하는 법', '논의하는 법', 그리고 '설명하고 공감하는 법'의 차원에 적용된다. 1부에서 소개한 다섯 가지 사고의 기술을 응용하여 습득한 대화의 기술이야말로 대화적 사고라고 할 수 있다.

지금 우리에게
탐구를 위한 공부가 필요한 이유

지금까지 스스로 생각하고 답을 찾아가는 힘과 배움의 깊이를 더하는 대화적 사고를 살펴보았다. 마지막으로 "왜 지금 탐구를 위한 공부가 필요한가"라는 질문에 답하면서 이 책을 마무리하고자 한다.

이 책은 '독학'이라는 말을 두 가지 의미로 나누었다. 하나는 곧바로 답이 나오는 (시험 문제 같은) 질문을 다루는 '성취를 위한 공부'이고, 다른 하나는 곧바로 답이 나오지 않는 (추상적이며 보편적인) 질문을 다루는 '탐구를 위한 공부'다. 세간에서 바라는 독학책은 대개 전자의 '성취를 위한 공부'를 주제로 한 것이다. 하지만 '탐구를 위한 공부'를 돕는 사고법은 나중에 서서히 효험이 나타나는 약이 아니라 '성취를 위한 공부'의 깊이를 더하는 데 필요한 방법까지 아우른다.

예를 들어 영어나 프랑스어를 배우고 싶은 사람이 "이 책 하나면 충분하다!"라고 적힌 참고서를 착실하게 암기만 한 다면 효율적인 공부법이라 할 수 있을까? 어느 시점에서 '이 방법만으로는 한계가 있는 게 아닐까', '애초에 이 책은 내 부족한 어학 실력을 향상하는 데 도움이 되지 않는 것 같다' 라고 깨닫고서, 다른 여러 참고서를 병행하는 공부법으로 갈 아타는 편이 훨씬 효율적일 것이다.

시험공부나 자격증 공부를 할 때도 '이처럼 방대한 지식을 어떻게 분류해야 할까', '여기서 해설하는 내용을 단 두 줄로 정리한다면 어떻게 요약해야 할까'와 같은 (타고난 머리가 얼 마나 좋은지 묻는) 공부법을 모색하지 않으면 짧은 시간에 합 격을 거머쥘 수 없다. 이 책에서 설명한 '스스로 생각하는 힘'은 사실 '탐구를 위한 공부'뿐 아니라 '성취를 위한 공부' 에서도 절대적인 효력을 발휘한다. "급할수록 돌아가라"라는 말의 의미를 가볍게 여겨서는 안 된다.

더 큰 시각에서 볼 때 '탐구를 위한 공부'는 삶을 살아가는 힘이 된다. '스스로 생각하는 힘'을 토대로 하는 '탐구를 위한 공부'는 풍요로운 삶을 일구는 과정에서 직면하는 근본적인 문제를 고민하는 원동력이 되기 때문이다.

예를 들어 '행복하게 살아가려면 무엇이 필요한가'라는 질문을 보자. 매우 특수한 상황이 아닌 한 "불행한 채 살아도 상관없다"라고 말하는 사람은 없을 것이다. 그러나 이 질문에 답하려면 '애초에 행복이란 무엇인가', '도대체 무엇이 내 행복을 방해하고 있는가'와 같은 큰 질문에도 답해야 한다. 매우 어려운 문제이지만 이 질문을 생각하지 않으면 우리는 행복한 삶을 자율적으로 바라거나 스스로 일구지 못할 것이다.

그 밖에도 이를테면 '앞으로의 사회에 요구되는 가치란 무엇인가'라는 질문을 보자. 이런 질문은 특히 창작자나 기업인의 관심과 직결하는 근본적인 문제다. 이런 질문에 답하기 위해서라도 우리는 '앞으로의 사회 트렌드를 어떻게 읽어야 하는가', '애초에 타자에게 전해야 할 가치란 무엇인가'라는 큰 질문에도 답해야 한다.

이처럼 살면서 만나는 근본적인 문제와 마주하는 기술을 전해주기에 '탐구를 위한 공부'의 힘은 삶을 살아가는 힘이 될 수 있다. 정답이 없는 시대에 곧바로 답이 나오지 않는 질문과 씨름하는 '탐구를 위한 공부'의 힘은 인간에 대한 이해와 풍요로운 삶을 일구는 데 밑거름이 되는 지적 자산이다.

이 책을 읽은 모든 이가 풍요로운 삶을 향유할 수 있기를 간절히 기원한다.

마지막으로 감사의 말을 전하고 싶다.

프롤로그에서 조치대학 시절 이야기를 했는데, 그 후 나를 철학의 세계로 이끌어준 분이 조치대학 철학과 오하시 요이치로 교수다. 오하시 교수는 당시 이제 막 철학 공부를 시작한 내게 '철학하는 일'의 중요성과 그 마음가짐을 가르쳐주었다. 단언컨대 오하시 교수가 없었다면 지금의 나는 존재하지 않았다. 현재의 지도교수인 도쿄대학 가지타니 신지 교수는 논문 쓰는 법부터 철학 대화법에 이르기까지 실로 다양한 가르침을 아끼지 않았다. 무엇보다 '전달되는 글쓰기'와 '구체적인 사고'의 중요성을 가르쳐준 분이 바로 가지타니 교수다. 이 자리를 빌려 깊이 감사드린다.

대학원에 진학한 뒤 많은 선배와 동기 덕분에 여기까지 올 수 있었다. 그중에서도 나가토 유스케 씨, 다카이 유토리 씨, 이시이 마사미 씨, 도미야마 유타카 씨는 몇 번이나 원고를 논평해주고, 철학책을 해석하는 방법도 가르쳐주었다. 후쿠이 아리토 씨는 도쿄대학 대학원에 진학하고 나서부터 줄곧 함께한 동기 중 한 사람이다. 여기에 일일이 언급하지 못한 분들을 포함하여 깊이 감사드린다.

편집을 맡아준 고단샤의 고바야시 마사히로 씨에게도 진심으로 감사 인사를 드린다. 박사 과정 3년 차인 대학원생이 〈고단샤현대신서〉를 통하여 첫 책을 출간할 수 있었던 것은 모두 고바야시 씨 덕분이다. 이 책을 출간하기 위하여 고바야시 씨와 이인삼각으로 달린 나날은 내게 더없이 귀한 경험이 되었다. 일반인 대상 강연을 할 기회를 준 주식회사 유메미의 요시다 리호 씨, 더파이브북스(The Five Books)의 창업자 오이시 고헤이 씨, 그리고 크로스필로소피즈 주식회사 대표 요시다 고지 씨에게도 진심으로 감사드린다.

　마지막으로 지금까지 나를 물심양면으로 지지해준 가족, 그리고 사랑하는 아내 미유에게 이 책을 바친다. 시간을 함께 보내줘서 늘 고마운 마음뿐이다.

두 개의 책상이 나란히 놓인 공부방에서
야마노 히로키

삶의 문제와 마주하는 법

정답이 없는 시대 지성을 구하는 독학자를 위한 공부 철학

1판 1쇄 펴냄 2023년 2월 24일

지은이 야마노 히로키
옮긴이 전선영

펴낸이 송상미
편집 박혜영
디자인 오필민 김경진
종이 월드페이퍼㈜
인쇄·제본 정민문화사

펴낸곳 머스트리드북
출판등록 2019년 10월 7일 제2019-000272호
주소 (03925) 서울시 마포구 월드컵북로 400, 5층 11호(상암동, 서울산업진흥원)
전화 070-8830-9821
팩스 070-4275-0359
메일 mustreadbooks@naver.com

ISBN 979-11-976934-8-9 03100